JN123380

赤間茶屋「あ三五」
そば歳時記

磯部久生

花乱社

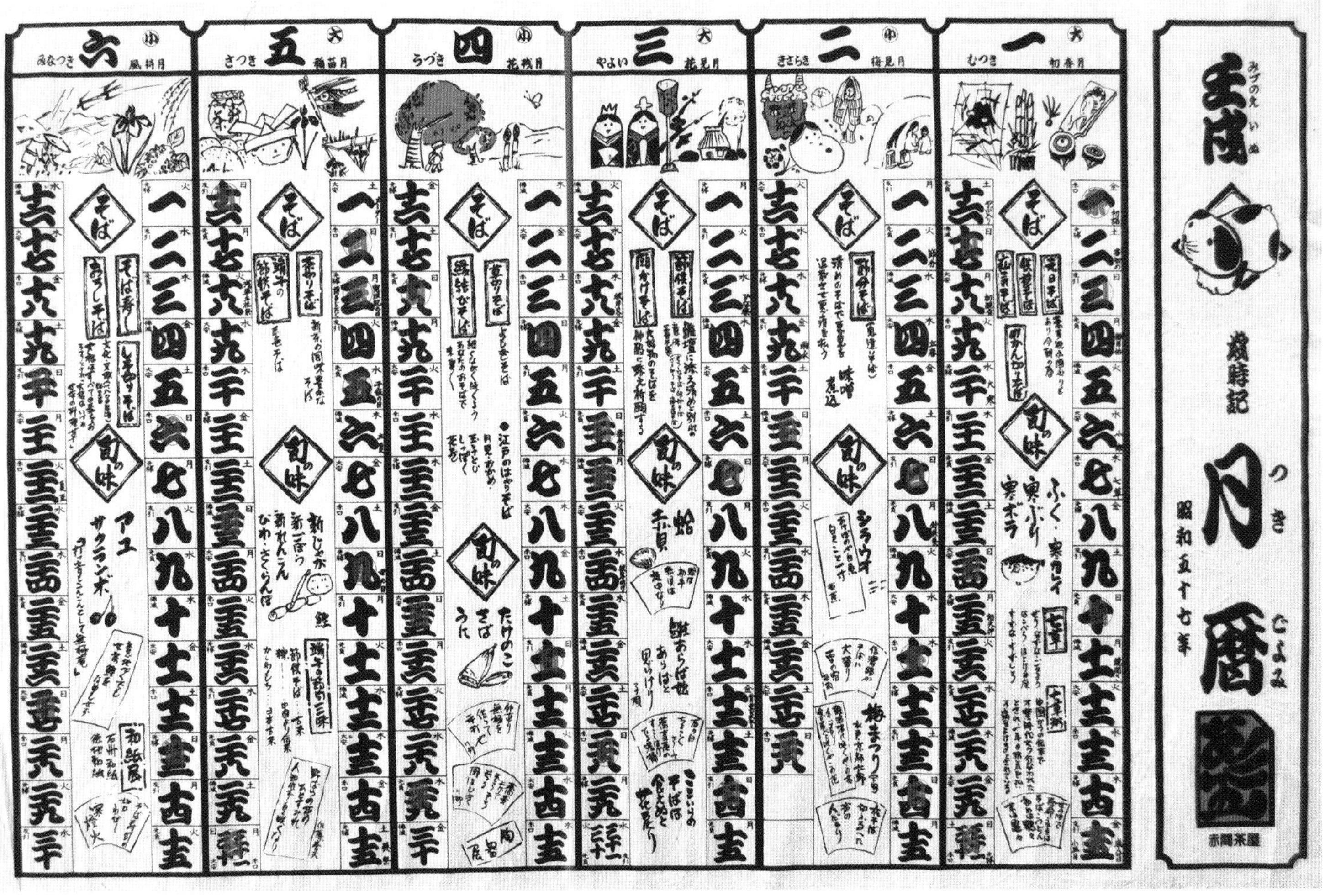

あ三五名物「月暦」店主手作りのお年賀（61×97㎜）

壬戌《みづのえいぬ》

蕎麦純天然食品也

常時食是長寿無疑

七（大）　ふみつき　七夕月

そば

卵やそば

ゴマやそば　夏バテに最適！

夏料理　ザるうどん　そば

旬の味

うなぎ　そば

八（大）　はづき　秋風月

そば

納豆そば　ビタミン・ビタミンB　低カロリー　やせたい人へ

天ざる　ざるそばは一人前でステーキ半分の栄養　夏ばて防止に！

旬の味

鮎　かれい

朝顔の　ひらいたを見ゆ　夜そば売り

九（小）　ながつき　紅葉月

そば

重陽の節供そば

縁結びそば

月見そば　旧暦の月

旬の味

栗　さんま

秋の空　月と仏と　おらが蕎麦

陶　君　展

十（大）　かんなつき　時雨月

そば

おかめそば　菊花の頃

そば湯　風邪ひいたら！

そばがき

旬の味

マツタケ

おかめそば

霜草蒼々蟲切切

村南村北行人絶

独出前門望野田

月明蕎麦花如雪

白居易

十一（小）　しもつき　雪待月

そば

自然薯そば　自然薯で作ります　日本古来の食

柚子やそば

旬の味

ふく　氷ふ

十二（大）　しはす　春待月

そば

討入そば

すまそば

旬の味

あじ　鮭　数の子　たら

大三十日

日	七月	八月	九月	十月	十一月	十二月
一	木	日	水	金	月	水
二	金	月	木	土	火	木
三	土	火	金	日	水	金
四	日	水	土	月	木	土
五	月	木	日	火	金	日
六	火	金	月	水	土	月
七	水	土	火	木	日	火
八	木	日	水	金	月	水
九	金	月	木	土	火	木
十	土	火	金	日	水	金
十一	日	水	土	月	木	土
十二	月	木	日	火	金	日
十三	火	金	月	水	土	月
十四	水	土	火	木	日	火
十五	木	日	水	金	月	水
十六	金	月	木	土	火	木
十七	土	火	金	日	水	金
十八	日	水	土	月	木	土
十九	月	木	日	火	金	日
二十	火	金	月	水	土	月
二十一	水	土	火	木	日	火
二十二	木	日	水	金	月	水
二十三	金	月	木	土	火	木
二十四	土	火	金	日	水	金
二十五	日	水	土	月	木	土
二十六	月	木	日	火	金	日
二十七	火	金	月	水	土	月
二十八	水	土	火	木	日	火
二十九	木	日	水	金	月	水
三十	金	月	木	土	火	木
三十一	土	火		日		金

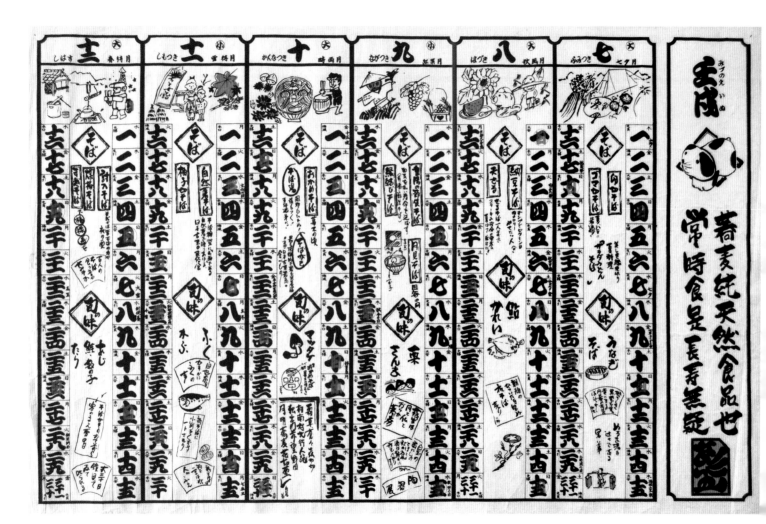

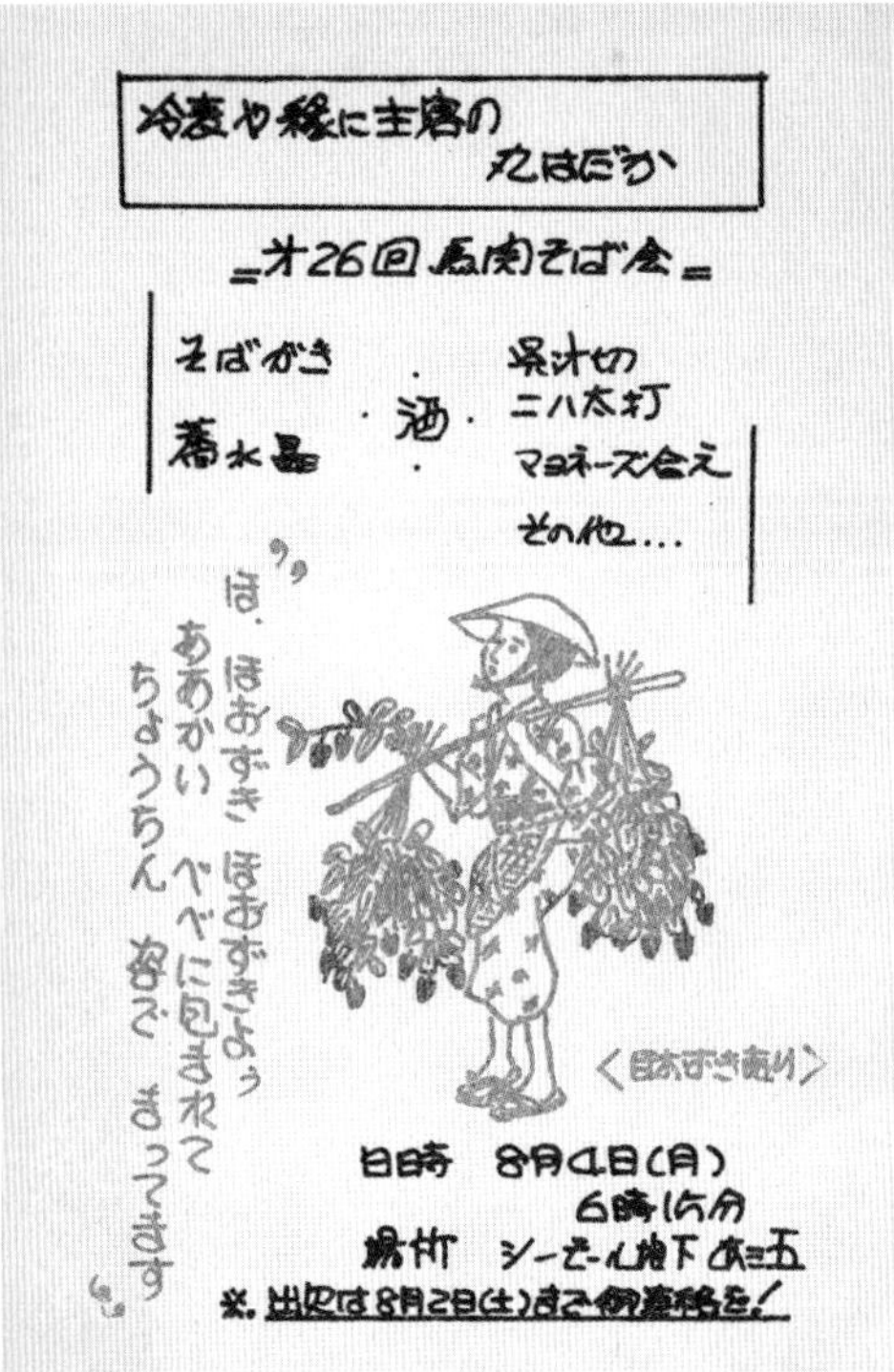

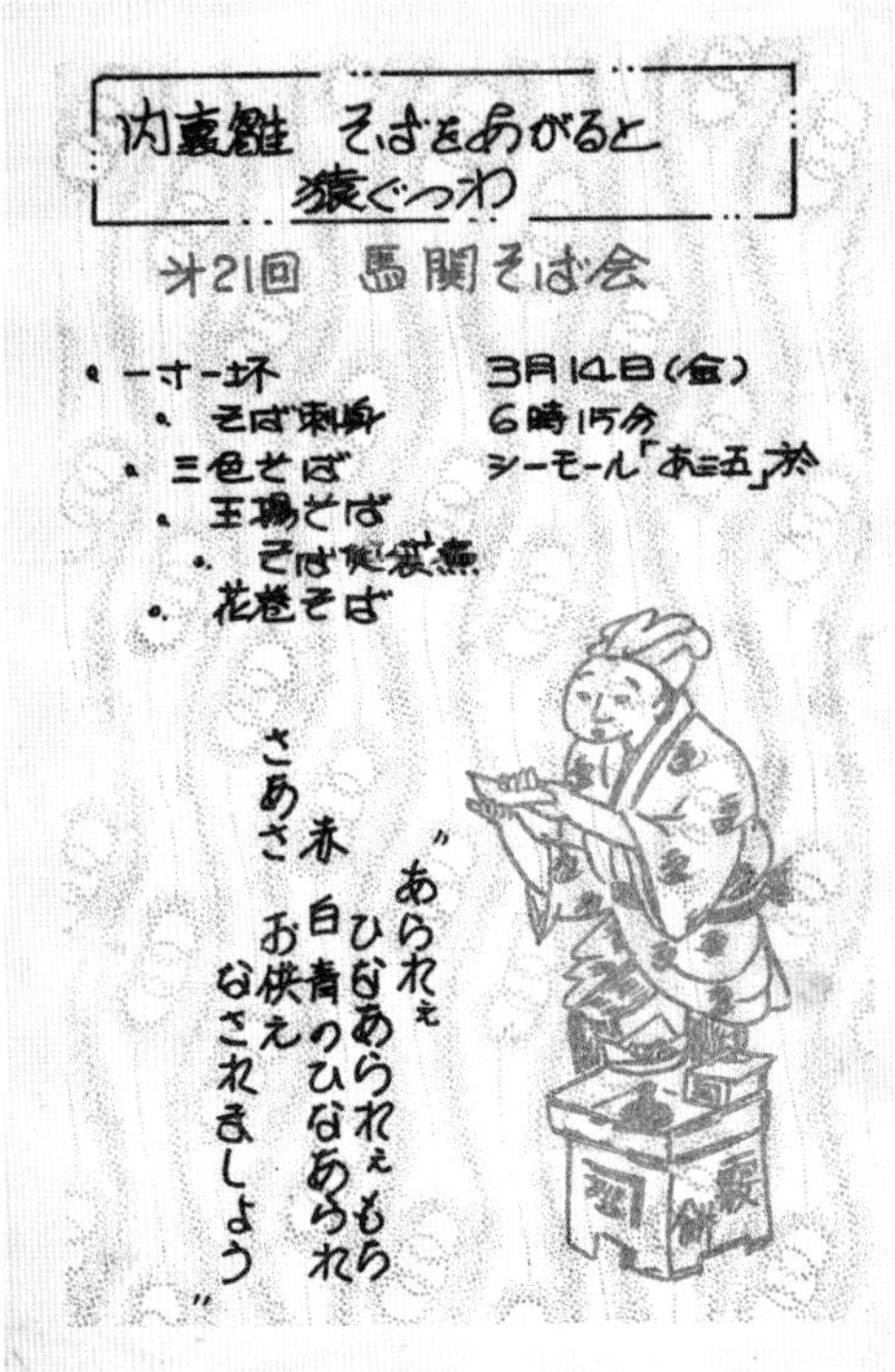

店主より季節の便り、
毎月のそば会のお知らせは
500回を超えた

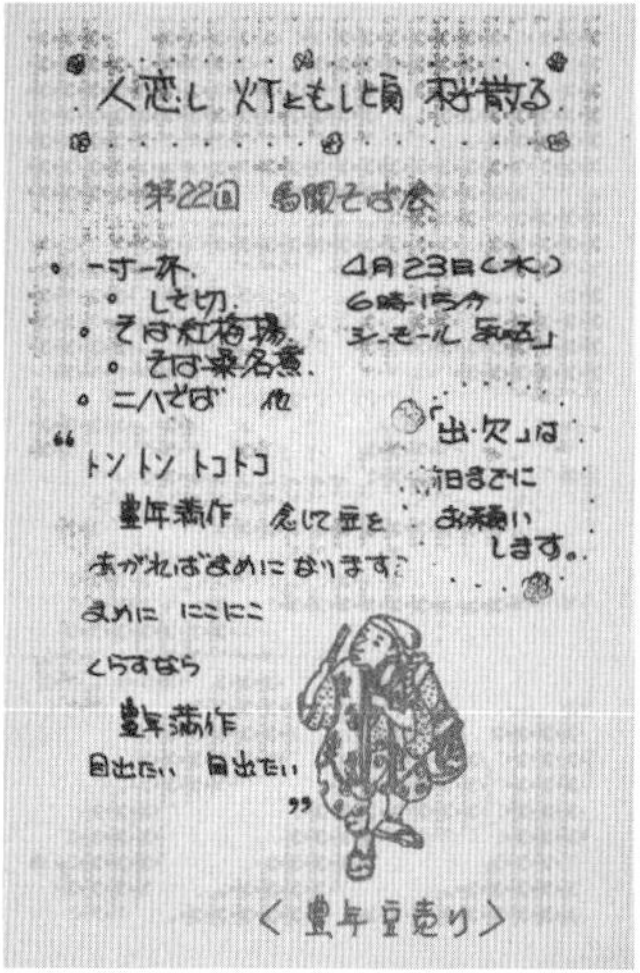
人恋し 灯ともし頃 桜散る
第22回 馬関そば会
・一寸一杯
・しそ切
・そば粒揚
・そば桑名煮
・二八そば 他
4月23日(水)
6時15分
シーモール「あ三五」
「出・欠」は
日までに
お願い
します。
"トントン トコトコ
豊年満作 煮て豆を
あがればまめになります
まめに にこにこ
くらすなら
豊年満作
目出たい 目出たい"
〈豊年豆売り〉

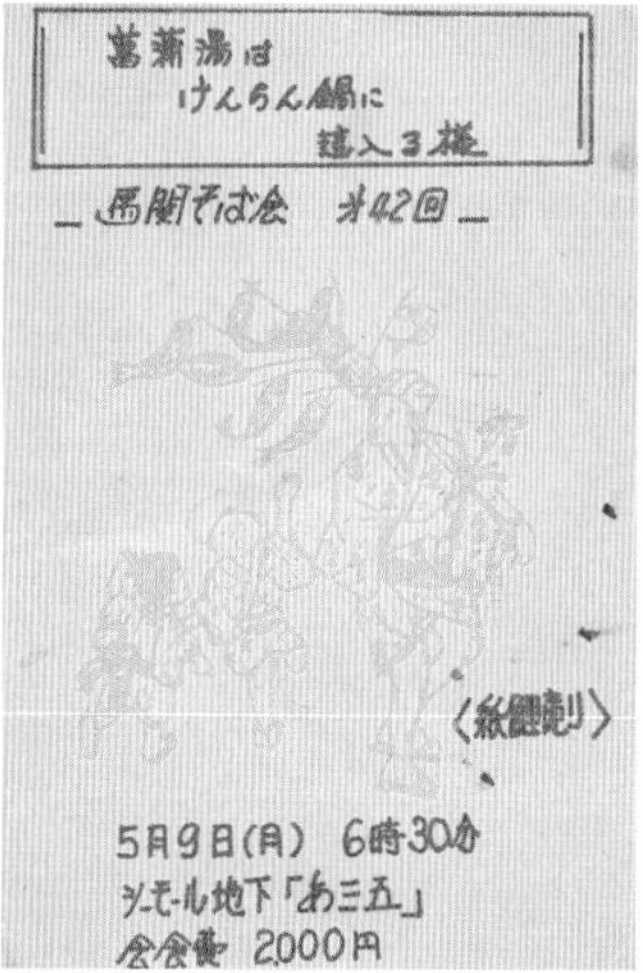
菖蒲湯は
けんちん鍋に
＿馬関そば会 第42回＿
5月9日(月) 6時30分
シーモール地下「あ三五」
会食費 2000円

雛の膳
客は左りや 握り箸
＿弥生そば会＿
・白酒
・節供三色そば
・そば粒ワサビ合え
・そば焼(ネギ味噌)
焼畑椎葉産
そば粉
・吸物(茶かさ)
・そばまんじゅう
3月28日(火)
18時30分
赤間茶屋あ三五
会食費 2200円
〈蛤売り〉

鬼うちひいらぎ 鬼ひいらぎ
鬼うち豆は 福いり豆のまめのまめ
＝馬関そば会＝
アラレそば
ふきのとう切そば
椎葉産(焼畑)そば….
二八太打
他….
2月4日(土)
午後6時30分
シーモール地下
「あ三五」
会費2000

〈弥生節供そば会〉
＝第41回＝
・酒
・五色節供そば
・じゃがいもがき
・そばずし3種
午後六時三十分
於「あ三五」

大晦日恒例、
店主からのご進物、
お手製の宝船。
皆様、よい初夢が
見られますように……

寶

はじめに

あ三五は十坪の狭い店。
おしゃべりで賑わう、
明るく、楽しい場として、
昭和五十年二月に開業した。

気がつけば五十年。
よく働かせて、生かしていただいたものだ。

一本のめんを汁で食すという単純さの中で、
人に、自然に、感謝する心が育ってゆくと思う。
カウンター越しにひろがる、そばと会話。
さて、今日はどなたのお越し……。

本書は、「日本そば新聞」に平成16年６月から平成24年12月までに連載した百話を、二十四節気にそってまとめたものです。各話の末尾に、連載年月を記載しています。

お品書きのあれこれや、季節の膳、日本の風俗、愛すべきお客様たちとのやりとりなど、「あ三五」の台所を垣間見ながら、お楽しみいただければと思います。

目次

春

夏

秋

冬

春

立春…2月4日～
雨水…2月19日～
啓蟄…3月6日～
春分…3月21日～
清明…4月5日～
穀雨…4月20日～

立春

二月四日〜十八日頃

節分そば

冬が終わる喜びを満身に込めて、「鬼は外！　福は内！」。

なんの因果でこの鬼顔に生まれたのか？　この時期になると、

「いやになっちゃうよォー」

奈良・平安時代の人たちは、悪いものはすべて「オニ（鬼）」で表現していた。だから八世紀初頭から鬼顔は「悪」になった。

追儺《ついな》の儀式が宮中ではじまったのは、天武天皇の慶雲三（七〇六）年十二月晦日の夜戌《いぬ》の刻。舎人《とねり》に疫病の鬼の姿をさせ、殿上人《てんじょうびと》は桃の弓・葦の矢で鬼を射る。

「鬼は外！　福は内！」

その宮中において「清めの食」として食べられていたのが、そばがきである。

そばがきを　命限りに　かきまわし

それは、第一はそばの実は三角形（三つの角《かど》）で、帝《みかど》に通じるからか？

第二は、信仰篤い僧侶たちの「行」における唯一の食糧だからか？　僧侶の行における食事は「五穀を断つ」というが、そばは五穀ではない。

いずれにせよ、仏教が運んだ味噌・醤油を、大根汁でのばしたものでそばがきを食べていたのではと推察される。「清めの食」として存続した。

炉を囲み、心ゆったり座して食べるそばがきの味わいは格別である。

大自然の中で、一時一時確実に、そして、ゆったり育まれたそばの香りと甘みが、身体中、浸みわたるように落ちつく。

　　豆をいりいり　ぶっかけさ　ぶっかけさ

そして今。女房は台所で我が家の追儺の準備に大わらわ。亭主は炬燵で酒を、蕎麦を楽しむ。

「オーイ、**アラレ（霰そば）**を一杯たのむよぉ」

「海苔は表八分、裏二分の心持ちであぶるんだよぉ」

「（アオヤギの）小柱はよく洗ってぬめりをとるんだぞォ」

と亭主が居間で叫ぶ。

温かいそばに、浅草海苔をのせる。小柱は、天から降る霰のように配し山葵《わさび》を添えて、

「は〜い、霰そば、出来ましたよォー」

亭主は、丼の内をのぞき、鼻をすりよせ、

「ウーン、いい香りだ」

そばはもちろん、そばの芯粉十割で打った淡い風味と甘みのある御膳そば。サクサクした絶妙の歯ざわりがたまらない。

小柱を一つ食い、酒をちょいとなめる。

次に、山葵をつけて海苔を食べ酒をなめる。

「山葵を添えることで焼海苔の辛みがとれるなんて……昔の人はよく考えたものよ……」

「満足、満足！」

「お父さーん。そろそろ鬼の面をつけてくださいなァ」

そばを海苔でつつみこみ「スルスルスルー」。

小柱一つ食べては「スルスルスルー」。

微酔いかげんでやおら立ち、

「はい、はい、そろそろ始めるか」

「鬼は外！　福は内！」

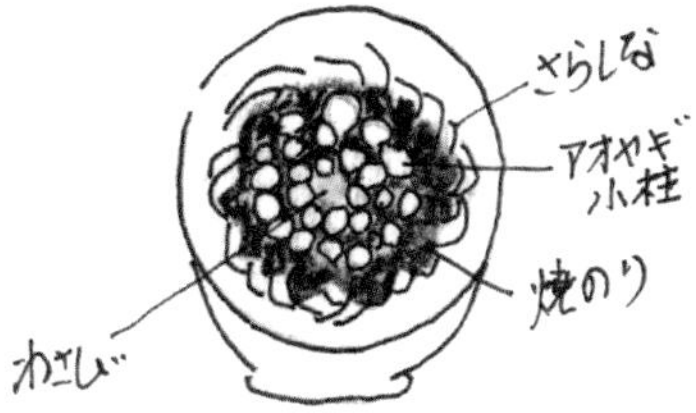

（平成十八年一月）

芝海老と小柱の天ぬき

立春から雨水《うすい》にかけての季節は「冬でもないし、春でもない」、まさに季節の句読点である。

地面から　ゆっくり春が　涌いてくる

「おー寒む寒む」

上衣の襟を立てながら勢いよく店に入るなり、

「天ぬきで一本つけてくれ！」と、粋な声が飛ぶ。

「寄席《よせ》の帰りにちょっと気取って、そば屋へ立ち寄ったわけだが……」

「まずは、〆張鶴《しめはりつる》のぬる燗をどうぞ」
七、八㎝の芝海老は殻がうすく、青味がかっている。アオヤギの小柱は、うすいオレンジ色がきれいで宝石のようである。
ボールに水を入れて天ぷら粉を加え、箸で「い」の字をかきながら混ぜる。

「掻き揚げはもう少しですよ」

胡麻と菜種を同割にした油でカラッと揚げ、温かくした汁の中に入れる。

この汁は、甘汁と辛汁を同割にしたもの。

芝海老の中に小柱と芹を混ぜて「天ぬき、おまちどうさま」。

酒を口にしながら天ぬきに眼をやる。その眼が「してやったり」とばかり、ほほえむ。

揚げたての天ぷらの衣が熱い汁にグズグズとろけるところを、

「おお、アッチッチ」なんて言いながら口に入れては酒をあおる。

「粋だねー」

そば屋にしかない、初春の肴《さかな》の主役なのである。

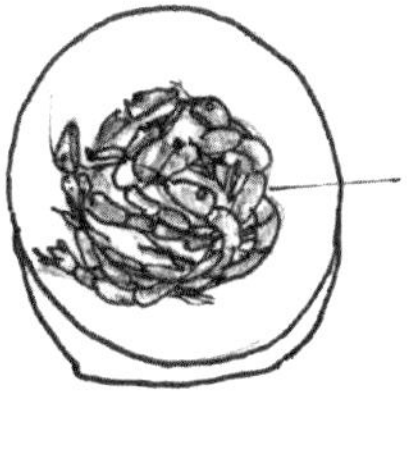

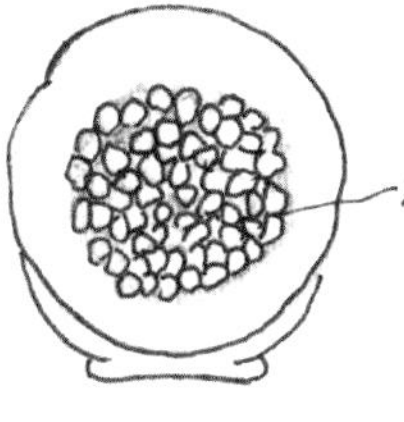

「海老は、ふぁーとやわらかいし、歯切れもいい。それに、小柱の甘みがあっさりして、うれしいねェー」

芝海老をつまみあげたり、小柱をつついてみたりして舌鼓《したつづみ》を打ちながら酒がすすむ。「抜き」で一杯やった後は、「もりを一枚たのむよ」。

そばはもちろん、**十割そば細打ち**。腰の強さは格別で、

「歯ごたえがたまんないねェー」

「抜き」の後に、そばでお腹を満たすのは、懐があんまり温かくなかった庶民の知恵だったのだろう。

最後にそば湯を飲み、お腹を両手で叩きながら、

「まんぞく、まんぞく」

（平成十九年二月）

旧暦正月・東風《はるかぜ》解凍《こおりをとく》

東風解凍。春・夏・秋・冬と四季が繰り返し訪れる。人はその自然風土の中で生き、感情も育てられる。

節分は、旧暦では春という新年を迎える前日である。節分の夜、炒《い》った大豆をまいて鬼を追い出し、厄払いをして、正月を迎える。

煤払《すすはら》い、松迎え、餅つき、注連縄《しめなわ》張り、年神棚作り――と、師走から準備をしながら、先祖とともに年神様を迎え、新しい年を祝うのである。

「あけまして、おめでとうございます」

玄関には、門松、注連飾り。家の柱の鴨居《かもい》にも注連縄を飾り、年神様を祀る棚にも御神酒《おみき》徳利《どっくり》を供えつけ、床の間には鏡餅、そして松竹梅の生け花。台所の、若水を入れた桶にも注連縄飾り。俎板《まないた》の上には、包丁、火箸、薪、そして擂粉木《すりこぎ》が据えられている。

亭主は仏間で酒を飲み、年神様を迎える。

女房は、白の割烹着で台所仕事に追われる。

男の子は、真新しい着物と履物を身につけ、広場で遊び、家で草双紙を読

んでいる娘もいる。

女房が「さァー、お膳がととのいましたよー」と声をかける。

作り手の主役は女房。

仏間に、お膳が据えられる。小鉢、徳利、ぐい呑み、そして祝い箸が置かれている。

「お屠蘇《とそ》を飲んで、一年の邪気を払いましょう」

まず、最初の小鉢は、**数の子のそば粒寄せ**。

数の子は、一昼夜水に浸け塩抜きをして、甘汁に浸けて味を調整している。

若布は、若水でサッと茹でている。そば粒も茹でて、うすめの甘汁につける。

これらを寄せて、そばもやしを添えている。

若布のエメラルドグリーンと、数の子の黄色との色彩の和に、

「食欲をそそられる」

数の子のコリコリした歯切れと、そば粒の微かな甘みに、

「酒を誘うよ」

仏間の主役の亭主は膝をくずして飲みに徹する。

次の小鉢は、**蕗のとうの海苔和え**。

胡麻油を引いたフライパンが熱くなったら、そこへ乱切りした蕗のとうを入れ手早く炒める。蕗のとうがしんなりしてくると火を止める。

海苔は細く揉んで、蕗のとうと和《あ》える。

「海苔は多い方が旨い」

揚げそば粒をパラッとかけると、蕗のとうのほろ苦さと、海苔の香りが絡み合い、さらに胡麻油の旨みが加わり、

「まさに、酒の肴だ」

次の小鉢は、**里芋と葱**。

里芋は、泥だけを洗い落とし、すり鉢に入れてかき回し、あらまし皮をとったもの。鍋には、里芋と一寸程に切った葱を入れ、うすめの甘汁もひたひたになるまで入れる。

ぴったりと蓋をして、とろ火で蒸すように煮る。

里芋には、不思議と葱が調和する。葱の甘みが加わり、里芋の風味を一層引き立てる。

小鉢に、里芋と葱をあわせ、刻んだ柚子皮をパラリと盛って、

「これも、酒を呼ぶ」

最後の小鉢は、**海老真薯の揚げ物**。

芝海老は、みじんに切って、包丁で細かく叩く。

その中へ、泡立てた卵黄と、すりおろした山芋を少し入れ、よく揉んでしばらく置いてなじませる。

なじんできたら、小判の形にして、胡麻の香りをつけた油で揚げる。

おろした辛味大根に醤油を添えて、

「海老の色が鮮やかだ。それに、仕上がりが柔らかだ」

辛味大根が、海老の甘みを引き立て、

「酒が足りませんよー」

ストトントン、ストトントン……なずなを叩く包丁の音が、台所から聞こえてくる。

「さぁー、**七草粥**を食べますよぉー」

刻んだなずな、ミニ大根、子蕪、芹、小松菜、そしてそばがき、そば粒も入っている。

味付けは、そば湯に甘汁を入れて調整している。

「お粥を食べると一年中病気にかからないから、しっかり食べて下さいよ」

「精もつきそうだ」

「酒も消化されそうだ」

一つの道は険しく遠い。そば屋になってよかった。

（平成二十三年二月）

蕗のとう切り

立春が過ぎれば次第に日も長くなり、春の近づく気配が感じられる。

そんな週末の午後、テニスウェア姿の先生が奥さんを伴ってやって来た。

「こんにちはッ」

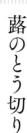

「どうも……」
二、三歩後ろに控えた奥さんは、物静かで笑顔がやさしい。
「陽射しがやさしくなったのか、つい、春を意識しますね」

「心ものびのびして、うきうきしてきますよ」

「それでは、春の走りの歓びを差し上げましょう」

蕗のとう　お前も春が　ほしいのか

雪深い山里では、沢の水辺の日だまりに蕗のとうを見つけると歓喜する季節である。

本来、そばは質素な食べ物。それに「カテモノ」を加え、食べつないだ山家の人々の暮らしを偲ぶのも、

「いいものですよ」

うっすらとした緑のそばの下地に、蕗のとうの斑点が、ポツン、ポツンと浮いている。まさに春色である。

ひと箸口にすると、

「ウーン、ウム……」

眼を閉じては、

「ウーム……蕗のとうのそばですね!?」

「微かな苦みと、そばの香りのバランスが……ちょうどよくて」

「つけ汁の薄いのがいいですね。そばと蕗のとう、そして汁の軽さが……ウム、それぞれ引き立てあって生きている感じですね」

「それに、サクサクとした歯切れのよさがうれしくて、麗《うら》らかになります」

「蕗のとうの蕾《つぼみ》を、カラッと油で揚げてもうまいのですが、そばもいいでしょう?」

葉が開いて苦みが強くなる頃、茹《ゆ》でてアクを抜き、細かく刻んで、そばに練り込む。もちろん、そばの芯粉十割をお湯で打ち上げた細打ちそば。

「蕗は、内臓を強くし、咳によいから、春に向かう季節の変わり目には、ピッタリのそばですよ」

ぼたん雪　童話の小人　くるような

「さて、春の淡雪で仕上げとしましょうか」

卵の卵白を、しっかり混ぜ泡立てると「ふぁー」としたぼたん雪が出来る。これを温かいかけそばにたっぷりと掛け、その上に、香り豊かな浅草海苔を千切ってあしらうと、

「**淡雪そば**ですよ」

そばはもちろん、淡い風味と甘みのある御膳そば。サクサクとした絶妙の歯ざわりと、ふんわりした淡雪のやさしさの取り合わせが、

「春の雪どけを感じさせる温かさですね」

もの静かな中に、少しやんちゃだった頃を忍ばせる先生と、それを包みこむような、やさしさあふれる穏やかな奥さん。

二人の満足そうな笑顔の中に、自信と勇気が涌いてくる。

「先生、いつまでも健やかに」

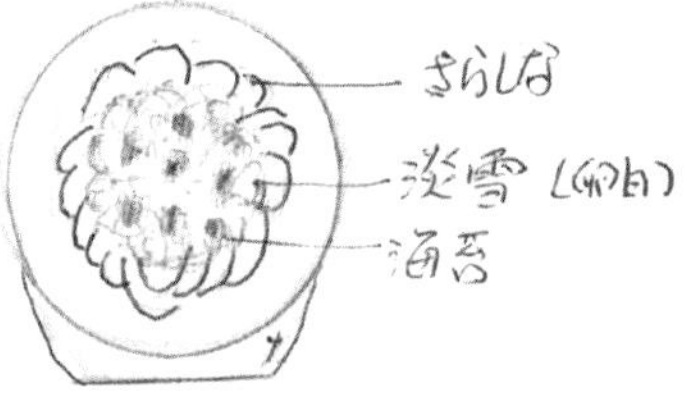

（平成十七年二月）

雨水

二月十九日〜三月五日頃

芽かぶ・わかめ

春　遅々と三歩進んで　二歩さがる

枯葉の下の温かな土の中で眠っていた木の芽のいのちが目覚めた時が、香り、甘みの味わい時という。そこで、根三つ葉を採りに早朝の山へ。

春の香りを微かに感じながら、土を落とし、水洗いしていると、

「どう仕上げてくれますか……楽しみ楽しみ……」と、漁師のおかみさんがやって来た。今日の持ち込みは、関門海峡で採れた新わかめと芽かぶである。

春わかめ　磯の香りも　やわらかい

芽かぶを、サッと湯に通す。

芽かぶが湯に触れた瞬間の緑色の輝きは、「まさにエメラルドグリーン！」

その美しさに目が奪われてしまう。

包丁で「叩けば叩くほど粘りが出てくるのですよ」。

鬼のような形相で細かく叩いて、辛汁と酢で味を整える。

御膳そばを小鉢に入れ、**芽かぶ**をたっぷりとかけ、針生姜を添えると、

「おいしそう、そばの白さと芽かぶの緑の色合いが……まさに磯の風情。……うんうん……御膳そばの甘みと切れ味が、わかめの香りと粘りを……うん、一層引き立てますねぇ」

「『朝焼けの春の海辺』っていう雰囲気かな？」

新わかめも、サッと湯に通す。鮮やかな緑色に変わる様を楽しみながら、水に浸し、水をよく切る。

おろした辛味大根を下地に、わかめ、茹でたそば粒、小柱、そして根三つ葉を添える。辛汁に酢、味醂《みりん》、砂糖を入れて味を整え、その上にかける。

そばの酢の物「早春のささやき」の出来上がり。

根三つ葉の爽やかな香り、わかめのサクサクした食感の清々しさ、そして小柱の甘み――さらに淡い色あいに、

「大地の奥深くで、息をころして待ち続けていた春のいのちが、光の呼びかけに応じているような。耳を澄ますと、その湧きあがる歓声が聴こえてきそうよ」

「まさに、早春の奢りの一品！　なんちゃって……」

残ったわかめを細かく刻んで、すり鉢に入れ、よくあたる。それを御膳粉の中に入れ、手で揉むようにして混ぜる。これを湯練りして打ち上げる。

白い粉の中で、刻まれたわかめが楽しそうに踊っている。……そんな心持ちでそばを練り、まとめ、そして伸ばして切る。

これが、**わかめ切り**。

このそばを茹でると、麺線にわかめの緑色の斑点が浮き出て、

「爽やかな色あいに、なぜか心が浮き浮きする」

わかめ切りの歯切れのよさに舌鼓を打ちながら、冬でもない、春でもない、季節の間を楽しんでいる。

そば屋の仕事は「木鉢と土たんぽ」。旨いそばと旨い汁。

そば屋の仕事は楽しい。

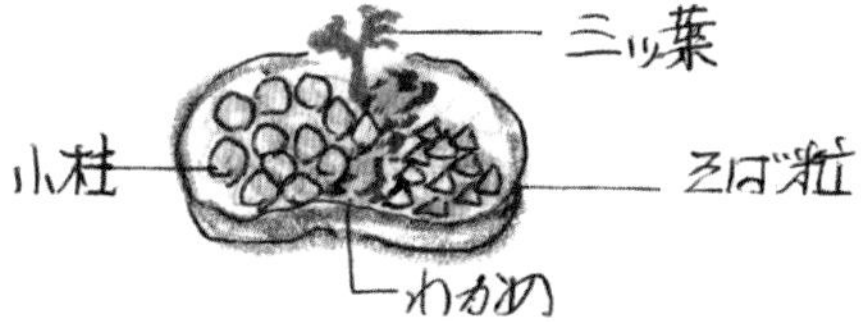

（平成二十年二月）

早春の膳

博多湾に浮かぶ能古島《のこのしま》。

宿の主人は檀太郎。客人はその仲間たち。

人は、美しい自然に出合うと情緒が敏感になる。活力も自然に涌いてくる。

それが檀太郎。

早朝、島に船で渡り山に入る。その静けさの中にひとりでいると、体内の奥深くに潜む融和の感覚が岩清水のように涌いてくる。天地と己とが一体になっているようだ。大地に潜む春の息吹が、土をやわらげ扉を開く。

朝の陽の匂いに包まれ、蓬《よもぎ》、土筆《つくし》、芹《せり》、薊《あざみ》、蒲公英《たんぽぽ》、虎杖《いたどり》、そして筍《たけのこ》と、小さな春を抱きかかえながら芽吹いている。

摘み草も　ひと役果たす　春の膳

今日の料理のメインは檀流クッキング。

潮吹き貝は、少し濃いめの甘汁に、ニンニク、生姜、唐辛子、酒を入れて蒸しながら炒めている。大根の柱むきの上には平目《ひらめ》の刺身。大鯛の揚げ蒸し。葱を散らして、食欲を誘う。

旬の素材の旨みを、炒める、煮る、蒸す、揚げる、そしてそのまま食べる。これが男の料理だ！　まさに檀流クッキングの真骨頂なのである。客人は、ワインを片手に持ち、魚に料理にと話が弾む。

虎杖の　新芽あかあか　角を出す

さて、そばの登場である。

「まずは、口直しを……**揚げそば粒と虎杖の和え物を**」

新芽の虎杖は、茹でて水にさらす。食べやすく乱切りにして甘汁に漬ける。小鉢にはおろした辛味大根を。その中に辛汁と虎杖を入れる。味がよくしみこむように和え、揚げたそば粒を添えると出来上がり。

虎杖の茎は紅褐色で、噛むと酸味を感じる。これと、辛味大根と揚げそば粒の取り合わせに、

「なんとも大人の味だね。虎杖は皮をむいて青色を楽しみながら塩をふって、酸味、塩味、そして水々しさが絶品！　箸休みにもいいんだよね。酢味

噌和え、味醂で溶いたそば味噌和えと……サクサクした歯ごたえに、この酸味が……日本酒を呼ぶんだよ」

檀太郎は「男の料理」を語る。

うすぐもり　水動かさず　芹を摘む

朝採りの田芹は、一〇cm程で、茎は紫褐色を帯びている。

「若い芹は茹で上がりが早いから……」

「煮すぎるとアクが強い、汁の味を損なうよ」

さっと茹で、冷水で洗い、よくしぼり、甘汁に浸す。

「根がついているのを食べるなんて……実に健康的だよ。自然から命をいただくようなものだね」

まさに「精・養うて血を保つ」のが芹である。小鉢に御膳そばを入れ、おろした辛味大根を少しのせ、その上に芹をのせて辛汁をかける。

「**芹そば**。これ程香りのある野菜は、他にあるだろうか」

酒はすすむ。

野薊の　風恋しさに　紅をつけ

「このザラザラした舌ざわり……実に野菜的で、濃い味わいだね」

「薊は、中心に茎が立ち出す頃の、トゲの若いものが旨いんだよ」

「手で触るだけでも痛いのに、人はよく口にしたものよ」

薊は、軟らかめに茹でて冷水で洗い、よくしぼって甘汁で煮る。そして、食べやすく細かく刻む。小鉢に御膳そばを入れ、薊をのせて辛汁をかける。

「爽やかなそばと、ワイルドな薊の対比がいいねぇー。薊をよく煮ると、胡麻の香りがしてコクが出るのですね」

山菜は、薊に限らず苦みやえぐみ、そして甘味を持っている。爽やかな歯切れと、甘味のある御膳さらしなそばにからむと、

「えぐみが薄れ、やさしい香りと味わいになるのが不思議だよ」

「山菜は、ワインじゃなくて、日本酒だね」

湯葉巻きの　切り口うれし　山葵漬け

「**そばの湯葉巻き**です」

「湯葉がどろっとして甘いですねぇ。たっぷり湯葉って感じだよ。涙が出そうなくらい、お、い、し、い」

「湯葉は濃いめの豆乳で作ります。一枚一枚、時間をゆっくりかけて作ると、厚くて濃い湯葉が出来るのです」

湯葉巻きの中身は、甘酢をからめた御膳さらしなそば。芯には、辛汁に漬けた山葵漬けがたっぷり入っている。どろっとして甘い湯葉に山葵漬けの香りと辛味が口の中で溶けあって、「口の中は、幸せいっぱい」なのだ。

この心憎い演出で、口直しは完了し、酒が重ねられていく。

ここで、一気にそば陣営の攻めへ。

そばがきである。

「ふぁーとして、口の中でとろけるようだ」

つきたての餅に、山芋の甘みと粘りがあり、さらにそばの香りが加わる。口の中は、香りと甘みがやさしく、軽やかに広がり充満している。

「幸せ、幸せ、もう幸せ」

豊かな味わいを演出したのは、氷温冷蔵のそば粉と、熱効率を高めたフッ素加工をした陶器のそばがき鍋である。雪平鍋と比べると、そばがきの艶、口当たりのやさしさ、軟らかさが抜群だ！　そしていつまでも温かくてソフトである。

薬味には、辛味大根と醤油、本味醂でのばしたそば味噌。本山葵と返しが用意されている。

ひと箸口に入れては、瞑想にふけるように、眼を閉じて、口の中の香りを楽しんでいるのだろう。

「うまい！　言葉も出ないよ！　酒もいらない」

そばがきの豊かな味わいに、身も心も酔いしれている。

白魚の　喉をくすぐる　春の味

止めは、**白魚そば**。

かけそばの台に焼海苔を敷き、その上に白魚がのっており本山葵が添えられている。そばは御膳さらしな。

白魚は、体長六〜七㎝程で半透明な白銀色。黒くつぶらな目は、けがれなく愛らしい。

汁にふれ、半透明から白く変化する白魚を見つめながら、一箸一箸と、ゆっくり食が進んでいく。

「粋だねぇー」

海苔の香りを楽しみながら、白魚を生で食べ、火が少し通った半生状態でも食べ、さらに、椀の底に残った煮えた白魚でも味わえる。

汁で酒を、椀の底の煮えた白魚で、また酒を飲む。

「淡白な、仕上げのそばだよなぁー」

心からの笑みが術を生む。

ゆっくり生きよう。そば屋の仕事は楽しい。

（平成二十二年二月）

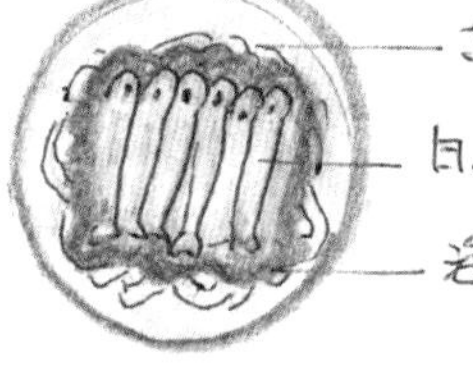

旧暦二月・草《そう》木《もく》萌動《めばえいずる》

春がまだ浅い霧の朝に、新芽をもとめて山に入る。

山は、昇る朝日に赤く染まり、枯れ草に覆われた土はやわらかく湿っている。眠っているような枯草の地面に暖かい陽射しが差すと、草の芽は急に出てきて次々と育ち、のびる。

枯草を分けて静かに土を掘る。アザミ、セリ、野蒜《のびる》を採っている時、かわいい剣のような形が出てきた。カンゾウである。長ネギの白い部分のような芽を、指先でポキンと折る。

洗ってさっと茹でると、

「カンゾウの淡い緑に、心が洗われそう」

それを、甘汁に漬けると**カンゾウのお浸し**が、出来上がり。

辛味大根をおろして小鉢に入れる。カンゾウを寄せ、茹でたそば粒を添えると、

「『枯草の中の、小さな春』という感じだ」

まずは、ぐい呑みに口をあて、そして食べてみる。

「カンゾウは、ほの甘くって歯ざわりがいいねぇ」

「ネギのような、ぬめりがいいねぇー」

「しっかりした繊維の歯ごたえが……う~ん、いいねぇ」

鉄瓶の　重さ余寒を　知らされる

旧暦の二月は、余寒がまだ残る。

庭先には、万花に先がけて、梅が咲いている。得意顔に佳い薫りを四方にまき散らしながら。その梅の小枝を、織部焼きの角盛皿に添えている。盛皿の上には、おろした辛味大根がたっぷり盛られ、アザミ・セリ・ネギが各々の根をつけたまま揚げられている。

さらに、芝海老とむかごの掻き揚げが、華を添える。そして、揚げたそば粒を全体に散りばめて、

「憎らしい演出だね」

ネギの白さが際立っている。そして、大根の辛みがネギの甘みを一層引き出し、

「うーん」「うーん」

芹やアザミの葉の甘み、根の香りが心地よく、そしてその歯ごたえに、

「まさに、今の自然界の束の間の味わいだよねぇ」

「野の香りと味わいに、新たな命が甦るようだよ」

「芝海老とむかごの組み合わせが……すばらしい。芝海老の甘みと歯ごたえとその味わい。そして、むかごのもちもち感が仲良くとけあう様が……うれしいねぇー」

「もう一つ、野趣に富んだものを……**そば田楽**です。お酒がすすみますよ」

そばがき鍋でそばがきを。

「ふぁーと軟らかく、やさしく出来上がる」

そば粉は粗挽き粉。そばがきを小判型にして、田楽串に刺して味噌をつける。味噌は、そば味噌を味醂で

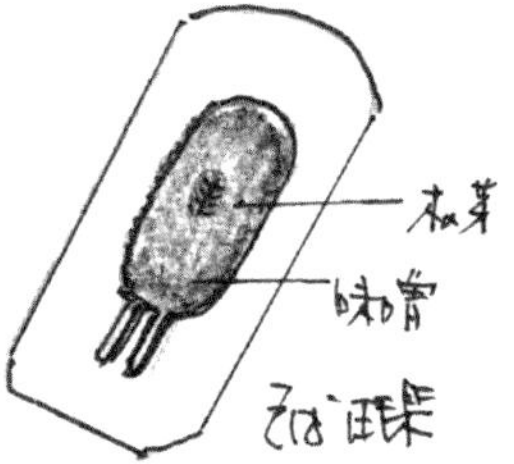

のばしている。その表面に、少し焦げ目が付くくらいに焼く。食べる直前に、炒りそば粒をふりかける。

「熱々がいいねぇー。やっぱり田楽は、熱々じゃなくちゃー」

「味噌の甘みが……憎いねぇー。そば粒が口の中ではじけて、うん、うん、そば粒が、味噌の上に際立って……まさに〝田を楽しむ〟って感じだよ」

「軟らかなそばがきの旨味に、味噌の添え味が調和よくのって……昔から茶人に喜ばれたというが、これは酒の肴だよ」

「仕上げのそばは、**蓬《よもぎ》切り**です」

蓬は、春の喜びの匂いを運ぶといわれる。

「蓬の色あいと香りを、お楽しみ下さい」

蓬の新芽を三～四g採って、茹でてアクを抜く。フキンで包み、よくしぼって水気を取り、包丁で細かく細かく叩く。三〇〇gのさらし粉を生粉打ちにして、蓬を練り込む。早春の新芽を打ち込む変わりそばは、淡い緑の色合いを楽しむ。

さらに、新芽の生えている枯草や野山を想い浮かべながら食べると、その味わいが広がる。蓬の仄かな香りと甘みに、春の訪れを。そして、歯切れのよさに春の爽やかさを味わう。

もう春はそこまで。野山に分け入り、自然と遊ぶ。

そして、野草をそばに添えて食べ、酒を飲む。

「まんぞく、まんぞく」

一つの道は険しく遠い。そば屋になってよかった。


（平成二十三年三月）

節供そば

梅が散って、桃が咲けば春もどうやら本物である。

♪あかりをつけましょ　ぼんぼりに……♪

雛の宵は、日本女性の心に、幼い日の思い出を楽しくよみがえらせてくれる。

桃の枝と柳の枝を、お銚子《ちょうし》や瓶子《へいし》に立てて内祝い。菱餅や草餅をお供えした雛壇の美しさは、華やいだ気分にさせる。

♪お花をあげましょ桃の花……♪

女の子が生まれるや、親父は桐の木を植える。それは嫁にいく時、桐の箪笥を持たせるためという。次に、雛人形店へ買い物に行く。

「お父さんに似て、眼がぱっちり……可愛いい娘さんですね」

父親は、眼につく雛を「くださいな……」。

♪五人ばやしの笛太鼓……♪

雛祭り　皆ちっぽけな　くだを巻き

雛人形に春の灯がゆらめくと、白酒の前へきっちり座った娘たち。微酔い加減のおしゃべりが、「なんとも可愛いい」。

白酒や　女の子ばか　子沢山

「月もおぼろに白魚の……心うきうき春の宵……」

女子衆は、雛壇を背にして戯《たわむ》れている。父親は、その光景をうれしそうに見ながら、

「昔の雛は、色紙で折った衣装に、木の頭を挿しただけの粗末な物だったよ。その『紙ひいな』を、小さな屏風の前に二、三対並べ菱餅や白酒を供え、女の子の出産や子孫の繁栄を願ったものだった。もう遠い昔のことだなぁ」

「今は、桃の枝と柳の枝を瓶子に立て、雛壇には上の方から内裏雛《だいりびな》、三人官女、五人囃子と、豪華になっちゃって、祓の人形だったことも忘れられたよ。『ひいな』も川に流すのではなく、再び箱に納めるものになり……。一年のお別れを告げるということだろうか、二八蕎麦と浅葱《あさつき》の膾《なます》を供えるようになったが」

蕎麦切りの　一すじのこる　雛の椀

雛祭りの翌日に、雛との別れに蕎麦や浅葱の膾を供える。そばは清浄を表す縁起物なのである。元禄の頃より、雛壇にそば（**三色そば**）を椀にもりわ

ける。

女子衆を冷やかしながら男たちは、浅葱の膾を肴に酒を飲んでいる。浅葱はサッと軽く茹で、浅蜊《あさり》のむき身を酢味噌で和えたもの。

「少し休みましょうよ」

女子衆も白酒に口を付け、草餅を手にする。

草餅に入れる蓬は、俗に母子草といって、若葉を摘んで、灰を入れて茹で、細かく刻んですり鉢であたり、餅の中へ入れている。

「蓬って、色も香りもよく、春らしくっていいねぇ。私大好きなの」

おらが世や　そこらの草も　蕎麦になる

娘たちは、餅をほうばりながら雛壇を崩し、飾り道具を箱に納める。雛の顔を一つ一つ吉野紙でくるみ、箱の中に入れてゆく。

樟脳《しょうのう》を　包んで置いて　そばを喰い

大根を繊六本に切って、田舎そばといっしょにサッと茹でる。そばの風味が一段と増し、

「大根、サークサク、おそばはシーコシコ……」

粗めに挽いたそば粉十割で打った太めの**田舎そば(黒)**。

「この腰の強さ、歯ごたえ、……うーん、旨い！」

「大根の甘みか、そばの香りか、サークサク、シーコシコ」

おかわりは、そばの芯粉十割で打った淡い風味と甘みのある細打ち**御膳そば(白)**、サクサクした絶妙の歯触りがたまらない。

茶切り（緑）、柚子切り（黄）、そして**海老切り(紅)**と。

「茶の香りが、甘みが旨い、いや、そばはやっぱり田舎だ！」

わらび、土筆、嫁菜《よめな》、独活《うど》、海草、そしてそば。

雛祭りのご馳走は、まさに旬の季節の味である。

♪今日はたのしい　ひなまつり♪


（平成十八・二十一年三月）

雛そば

陽射しも柔らかとなりし弥生吉日。「雛そば喰う会」の「そば前」は、にごり酒である。前菜は、まず**三ツ葉と蛤のぬた**。サッと湯に通した三ツ葉、蛤《はまぐり》、若布を酢味噌で和え、茹でたそば粒を添えたもの。

「三ツ葉の香りが何とも新鮮だよなぁー。それに、若布のサクサク感もいい。それにしても、蛤は旨いよなぁー」

もう一品は、蛤の殻の中に御膳そばを入れ、その上に小柱と雲丹《うに》をのせ、そばもやしを添えている。辛汁を少しかけ、

「豪華だねぇー、雲丹と小柱の潮の香り、そして甘味がなんとも嬉しいよ。『浜辺の宝石』というところだよ」

「おっ、これまたお見事な……色彩だねぇ……。うす紅色と淡い緑、それに透きとおるような御膳さらしなの調和は………」

鎧《よろいかぶと》兜を　着たような　車海老

車海老は茹でて殻をむき、包丁で細かく刻んで叩き、すり鉢であたる。海老そぼろのように、淡い紅色が輝いている。御膳粉（五〇〇g）を湯練りにして、そこへ刻んだ海老（七匹で八〇g程）を入れて打つ。

「淡い紅色が爽やかで、乙女のような感じだね」

「昔は、生海老を包丁で細かく刻んでよく叩き、煮きった酒を加えてすりつぶし糊状にした。それを、御膳粉と混ぜ合わせ、熱湯で打っていたんですよ」

「仕上がりは、微かな紅色で、酒の香りが残る蕎麦であった。これが、**海老切り**」

春寒を　いとわず孫に　摘むよもぎ

「蓬は邪気を払い、寿命を延ばすという、薬効の塊りみたいな草……だから、三月の節供に用いたのでは」

蓬切りは、包丁で細かく刻んでよく叩いた蓬を湯練りした御膳粉の中に入

れて打っている。薄緑の麺線に、深緑の斑点が浮き、何か男らしさを感じる。
この蓬切りと海老切り、そして真っ白い御膳さらしなの「節供三色そば」に、「色彩の鮮やかさに、うっとりしてしまう。まさに『色物』。そんな実感だね」。

たけのこの力　地を割り　天を突き

筍は、やがて来る祝祭のために、土の中でひっそり芽吹きを待っていたのだろうか。根が赤く、外皮はクリーム色をした孟宗竹、米の磨ぎ汁で茹でること三十分。

皮を剥くと、淡いクリーム色が輝いている。その姫皮は、さらに鮮やかで、それを小鉢にとり、紅色のあまのりとそば粒を添えて甘汁に浸すと、**姫皮のそば粒和え**。

そば粒とあまのりの甘みが、筍のエグミをやさしく包み、爽やかな香りと甘みを引き出している。姫皮を一片一片、紅色の貝殻あまのりに絡めながら酒を飲む。「粋だねー」

もう一つの小鉢には、**御膳そば**の上に、薄衣をつけた小ぶりの**筍の天ぷら**が置かれている。筍は、天ぷらにするとエグミが抜けて、香り、甘みが引き立ってくる。

「この筍、噛んだ時のサクサク感がたまらんよ。竹の香りが若々しくていいねぇー。筍は、走り物に限るよ」

「エグミも季節の味だよ。この時季のエグミは、身体の新陳代謝を活発にして脳を活性化するんだよね」

酒を重ねるごとに、講釈は深く広がっていく。

仕上げに、二八そばを手繰り込む。

「喉ごしがいいねぇー」

喉を通る時、鼻にぬける香りと甘みが、

「さすがだよなぁー、この食感、たまらないねぇ」

そばはかわいい生きもの。そば屋になってよかった。

（平成二十一年四月）

啓蟄

三月六日〜二十日頃

野草

かつて人々は、冬から春に向かう時期に、芽吹いたばかりの野草を食べていた。野草には、独特の苦みがあり、それは、冬の間に自然が蓄えた「生命の源」だと知っていた。

人並みな　幸せで良い　蓬つむ

店の玄関口が勢いよく開き、元気の良い声が入ってきた。

「おじちゃん、蓬を摘んできたよ」

野草好きの新一年生の子どもを連れた、親子三人のご来店である。

まずは、**甘草のお浸し**を。

小鉢に大根おろしを盛り、甘草と茹でたそば粒が添えられている。甘草は、若緑色を付け始めた新芽で「生々しい」。大根おろしには、辛汁を浸している。

「この甘草は、枯れ草をわけて、土を掘っていくとかわいい剣のような芽が姿を現すんだよ。それを摘みとって、さっと茹でて、甘汁に浸したものだよ」

「ほんのり甘くて、噛んでも気持ちがいいね。百点満点だ」

「歯ざわりが、やわらかいのは『春の優しさ』だね。春一番の貴重品なんだから……。次の土筆も優れものだよ」

「小さい頭の、かわいい土筆だね」

小鉢の中には、御膳さらしなそば。その上に**土筆のお浸し**を添えている。

そして、空揚げした蓬を少し散らし、

「『春の通り雨に、濡れた草木から、春の気配が匂い立つ』感じかな」

土筆は、二㎝程で、頭がずんぐりして、淡い緑色をしている。土の中から掘り出したばかりで、まさに「瑞々しい」。

土筆は、甘汁でサッと煮ている。

「こんなやさしい味の土筆は初めてだよ。そして、パリッと揚がった蓬も旨いね、百点」

「早春の清々《すがすが》しさといったら。**若竹そば**、これも旨いよ」

中鉢には、さらしなのかけそばがある。そばを台にして、鮮やかな緑色の若芽、そして三～四㎝程の筍が二つ。さらに、新芽の土筆も添えられている。

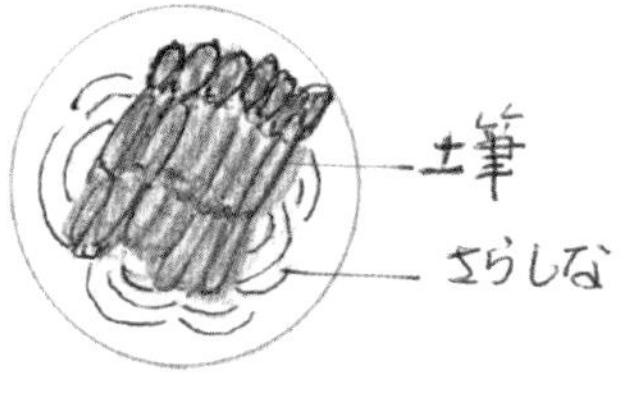

「筍は、噛んでコリコリして甘いんだねぇー、竹の匂いもする。うまいね。僕、うれしいなぁー。若竹も大好きだし、楽しいなぁー、三百点満点だよ」

「筍の優しい甘みと竹の香り、そしてサクサクとした歯ざわり。若芽の磯の淡い香り。土筆のソフトな苦み。そして、御膳さらしなそばの軽さと甘み。互いの持ち味がよく調和している。材料も工夫すれば、輝く味わいになるのですね」

「この子も、いい友達、いい環境の中で、感性豊かに、明るく楽しい子に育つといいですね」

さて、**蓬切り**の登場である。

「やったぁー、僕の採った蓬だ、うれしいなぁー」

麺線には、淡い緑色の斑点が、リズミカルに散らばっている。

蓬は、時間をかけて茹でる。両手でよく絞り水気を切り、包丁で細かく切る。蓬の繊維を完全に断ち切るように。御膳さらしな（三五〇g）の生粉打ちに蓬を一五gの割合で打つ。

打っていて、「少し線香の香りがしますよ」。

その仕上がりは、淡い甘みと草っぽさが、とても味わい深い。

「僕の採った蓬が、こんなそばになるなんて…うれしい……旨い！　千点満点！」

生きてこそ今。そば屋になってよかった。

（平成二十四年三月）

蓬切り

甘汁で下味を付けたそばの粒を、大根おろしの上におく。大根おろしは辛味のものがよい。**タケノコの姫皮**を繊に切ってあしらい、木の芽を添えれば**そば粒のおろし和え**の出来上がり。

「おばちゃん、醤油を少し落として食べてごらん」

「ウム……大根の辛味が……ウン、ウン、そば粒の甘みを引き立てるのネェー……グー（good）よ」

ひと箸、ひと箸、表情を変えながら、美味しそうに食べてくれる人を前にすると、料理人冥利につきる思いがする。

食欲を誘う見てくれの技術と、自然に対し、自分に対し、我を捨て、素直な心で向かう精神とを一つにして「食」を作り出す。

そんな緊張感も、おばちゃんの嬉しそうな表情と「グーよ」のひとことに心がやすらぎ、次への新たな意欲へとうながされる。

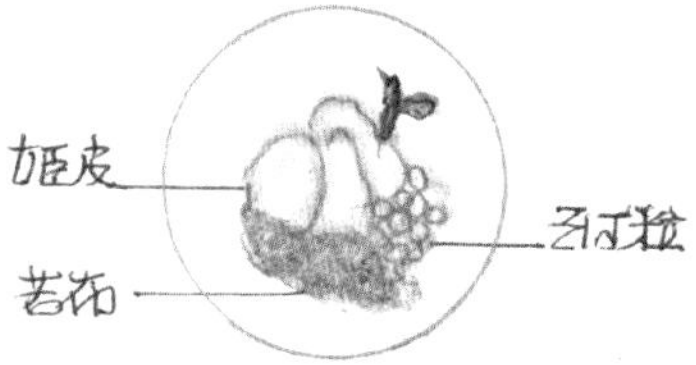

春寒を　いとわず孫に　摘むよもぎ

口に付けた瞬間、眼を閉じうなずいた。上目遣いに顔を上げてニタッと笑いかけてきた。

「ねぇ、これ……ダ…ヨ…ネェー」

「ね、そうでしょう、……蓬の香り、ウーン、グーよ」

蓬は、古来伝えられる薬効の多い草。その香りは、春の喜びの匂いを運ぶといわれる。

「早速、息子夫婦に送ってあげよう」

この蓬は、関門橋を見下ろす和布刈《めかり》の山あいに人知れず春を知らせていたもの。それを、おばちゃんが「食べさせてあげたい」と、若草の萌えはじめた頃の新芽を一心に摘み取ったもの。

蓬は、茹でてアク抜きをし、細かく刻んで、そばに練り込む。もちろん、そばの芯粉十割の湯練りで打つ。

蓬の仄かな香りと甘みに、春の訪れを、そしてサクサクとした歯切れに春の爽やかさを味わうことができる。

「これは……こたえられない。グーよ」

我がそば屋にとって、おばちゃんは御意見番なのである。

「いつまでも健やかに……」

（平成十七年三月）

つわ、土筆、蓬

野山にある素朴なものを、自分の技量で主役に持ちあげる。そんな思いにかられていると、

「こんにちは、沢山採ったよ。海のもの、山のもの……ほらほら、すごいでしょう」

人生を快活に楽しむ、ご婦人御一行様のご来店である。

竹籠にいっぱい獲物を入れて、

「この時期は、山にはつわ蕗《ぶき》、蓬《よもぎ》、海に浜防風《はまぼうふう》、川の土手で土筆と、もう本当に忙しんだから」

「ところであんた知ってる？　つわは水に二十分程浸けてから皮をむく。次にその水を沸かし茹でて冷水に浸すと、青や緑そして赤と、鮮やかな色に仕上がるのよ」

「蕗の方は、よく塩もみして茹でると、すっごくきれいに仕上がるから、やってごらん」

春気動いて、黒土を破って草の芽が持ちあがる。枯れた葉や茎の間からも、緑も鮮やかな命――新芽が動き出す。待ってましたとばかりに春の訪れに心がはずむ。

茹でた蕗・つわは甘汁に浸ける。

「薄味の方が、素材の甘みも苦みも感じるね」

小鉢に御膳そば、辛味大根を少々、その上に蕗を、もう一つにはつわをのせて「苦みも甘みもやさしく穏やか。私みたいね」。

つくしんぼ　お前は春を　知っていた

「この土筆、日当たりのよい堤にたくさん生えてたの。若いものだけ摘んで、袴《はかま》もちゃんととってるからね」

甘汁で煮てから、しばらく浸す。

「ほろ若い風味がいいねぇー、昔は『春の使者』なんていわれていたの。私のようなおばさんと違って、肌もきれいだし、艶もある。そして、食感がいいよねぇ」

食いしん坊のご婦人たちには、**土筆・蕗・つわをのせた御膳そばの小鉢**はいくら食べても切りがない。

春寒を　いとわず孫に　摘むよもぎ

蓬の新芽は、白い産毛に包まれ柔らかく、香りが強い。葉っぱを千切り、茹でてアクを抜き、包丁で細かく切る。湯練りした御前粉に練り込む。

「そば粉に、五％以上蓬を加えると、繊維が多くて包丁の刃に引っかかり切りづらく、仕上がりが悪いのですよ」

「わぁー、きれいな緑、ねぇー、『小さな春』を見ぃ～つけたって感じねえ」

「あれぇー、よく噛みしめても香りはあまりないのね、意外だぁー」

「**蓬切り**は、香りというより色合いを楽しんでください」

「はい。お次は何が出てくるかな」

仕上げは、**かけそば**。御膳そばに浜防風の若芽を添えただけ。

椀を、拝むように両手で大事に持ちあげ、眼を閉じ、

「すっごい香りねぇー」

一息ついて「口の中に広がる清新な香りは……うん、そうそう、山うどに似てるわね」。

「半割の竹を突き刺して掘ったのよ……」

わいわい喋りながら、楽しい一時が過ぎていく。

「春だ、春だ、春だって感じ。すっごく、ぜいたくをさせてもらっちゃった」

そば屋の仕事は「木鉢と土たんぽ」。旨いそばと旨い汁。

そば屋の仕事は楽しい。


（平成二十年三月）

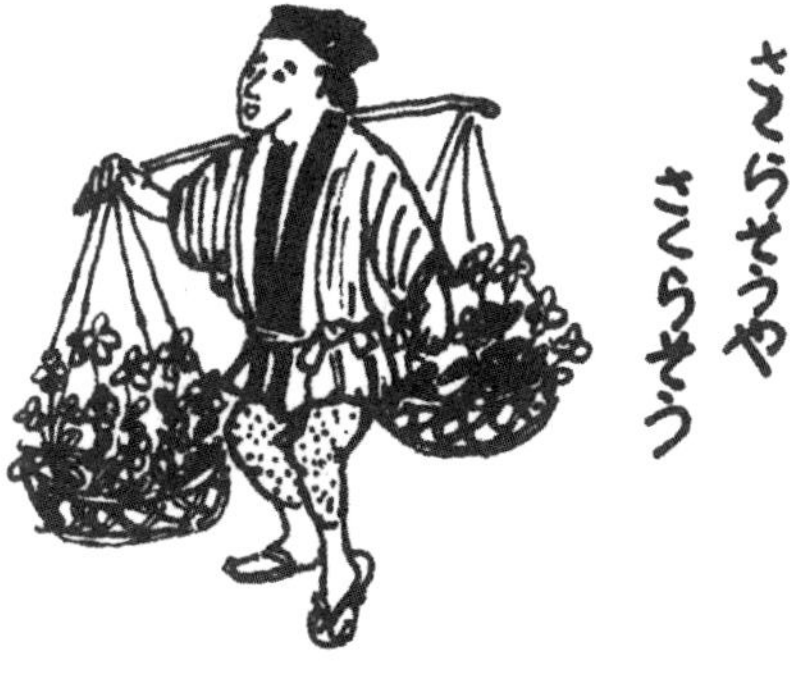

春分

三月二十一日〜四月四日頃

わかめ切り

冷え冷えとした日が続き、雪が降ったかと思うと、上衣を着てはいられないほどの暖かい日がやって来る。三月は、気難しい季節に違いない。

菜の花に　あれ見や主の　蝶がとぶ

ぶっきらぼうに縄暖簾をくぐり、

「今日は飲むよ……おなかも空いているし」

上衣を畳むと、風呂敷包みから文庫本を取りだす。

「古本屋で、いい本がみつかってね。古川ロッパの食道楽ぶりがおもしろいんだよ。読んでると、つい美味しいものが食べたくなって足が向いてしまったよ」

「まずは、冷たいお酒とそば湯をください」

明太子に辛味大根を合わせ、胡麻油で揚げたそば粒を添えて、

「**揚げそば粒の明太子和え**です」

「これってこの料理！『白梅』のつもりだね。今にも咲こうとふくらみかけた蕾の姿が好きなんだなぁー」

愛おしそうにひと箸口に運び、

「おっ、大根の風味が、明太子の辛味をやさしく包んで口の中に広がる……それに、そば粒の胡麻の香りが……いいもんだねぇー」

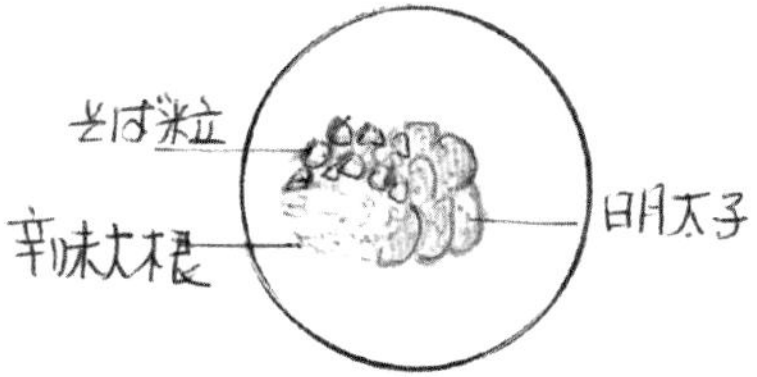

「梅咲き始む♪　……お酒をおかわり」

春わかめ　磯の香りも　やわらかい

「この時季に合わせて、わかめをそばに打ち込みました。早春の香りと色あいを楽しんでいただきましょう」

わかめは、湯に通すとエメラルドグリーンの「鮮やか！」な光を放つ。これを細かく刻んで、御前粉と混ぜ合わせ、お湯で練り、打ったそばが**わかめ切り**である。淡いグリーンの下地にわかめの斑点がチラリチラリ。うすい辛汁につけて食べると、

「歯切れがいいねぇ……うん、微かな磯の香りも何ともいえない」

わかめは、海藻の中で最もカルシウムが多く、子どもや妊婦さんにうってつけという。

「若芽、若女、若目などというから、一口するたびに若返り、力が涌いてくるようだね」

季節の香りと色あいを、そばにのせて楽しんだなんて、江戸時代の人の「豊かな心」を感じる。

「時を気にすることなく心のままに人にふれ、一日を楽しんだろうなぁ―」

何もかもを忘れ、うまい酒を飲み、季節に舌鼓を打ちながら、「まんぞく、まんぞく」。

（平成十九年三月）

引っ越しそば

あずきがゆ　まず大家から　配り物

「拙者、当地に宿替え（引っ越し）した者です。どうか末永くおつきあいの程を……」

江戸で引っ越しそばを配る風習は、おそばに永くという軽い気持ちからだろうか、それとも二八そばが「二つ」で三十二文という手軽さからなのか。

配り蕎麦　湯気の立つのは　なかりけり

「いつまでもおそばに永く、宜しく……」と、まずは大家へ。

「拙者の名は……」と、向こう両隣へ。

「これが私の愚妻で」と、近所三軒へ。

もりそばを手に提げ、妻は三歩後を小走りに。大家へは五つ、隣近所へは二つというのが、引っ越しそばの相場という。

居候　慮外ながらの　蕎麦を喰い

幕末から明治へと時代が進むと、引っ越しののどけさが薄らいでいく。主役が蕎麦屋へと移っていくのだ。

「ハイハイ。お付合いは何軒ですか？　大家さんへはいつ頃……」と、蕎麦屋が各家のおやつの時間を見計らって配っていく。

そして、「お代は、……いくいくらです」と請求される。少し味気なくなってしまう。

春のいろ　あなたまかせに　家を出る

明るくやわらかい春の光の中での旅立ちや、引っ越しはいい。

草木の芽もふくらみ、枝を、茎を大きく張る＝はる＝春だから、気持ちもうきうきする。そんな時、新天地が希望という風船を大きく膨らませて待っているのである。

引っ越したその日に、部屋を開け放って毛氈《もうせん》を敷いて、春の野原の花見心地に、「あー、のどかだなぁー」。

あずき粥《がゆ》、煮しめ、そしてもりそば。

「大家さんは、いい人だねぇー」

「八っつぁんに熊さん、ほんとにお手伝い、ありがとう」

「よかったよかった。いい友に、いい土地だ」

やわらかいそよ風に心も軽く「一本つけましょうか……」。

はらりと散った花びらに酒もはずむ。

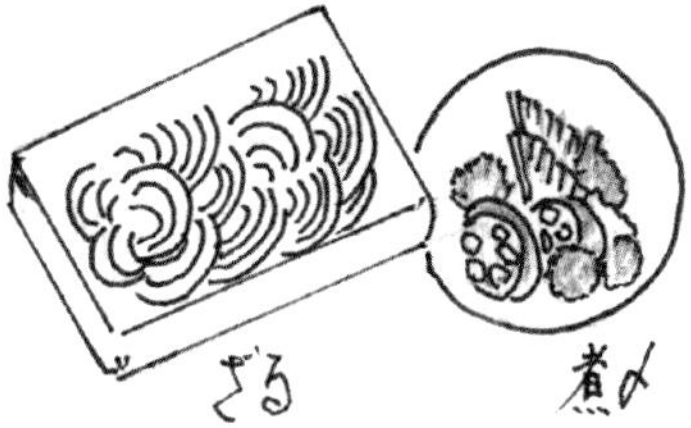

「おーい、とろろ汁をたのむよー」

腰の強い二八そばを、**とろろ汁**にたっぷりつけながら「スルスルスルー」。

きりっとしまった歯ごたえが「たまらない！」。

身も心も艶めいて、明るい春の陽光を浴びながら、

「スルスルスルー」

「引っ越してよかった」


（平成十八年四月）

芹切りそば

春分も過ぎ、陽射しが少しずつ強くなると、風も優しく光り輝くように感じる。そんな日曜日のお昼時に「五人の部隊」がやって来た。

「こんにちは。よろしいでしょうか」

「オッ、春の風に誘われてやって来ましたね」

「食」に関しては、子どもも大人も味覚・感覚の差はない。むしろ、子どもの方が敏感だろう。自然界の、旬の持つ甘み、辛味、そして苦みを素直に感じ取ってしまうのは子どもの天性かもしれない。その性を大切に育ててやるのが親・家族である。

「まずは、**春の菜づくし**と参りましょうか」

たっぷりおろした辛味大根に醤油を少々。その上に菜の花、のびる、そして、土筆と春を盛る。味付けは、茹でた山菜を甘汁に浸したもの。揚げたそば粒をあしらって出来上がり。

白地の大根に、山菜の土と緑の色合いは、春の大地の「光と風」である。

大根の辛味が山菜を「こんなにやさしい味にしてしまうなんて……」。

両親は、美味しく食べる子どもた

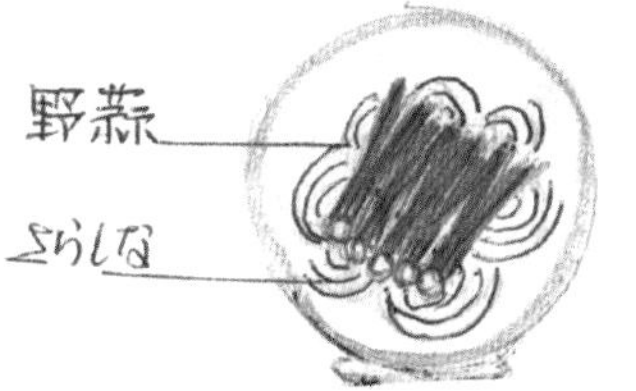

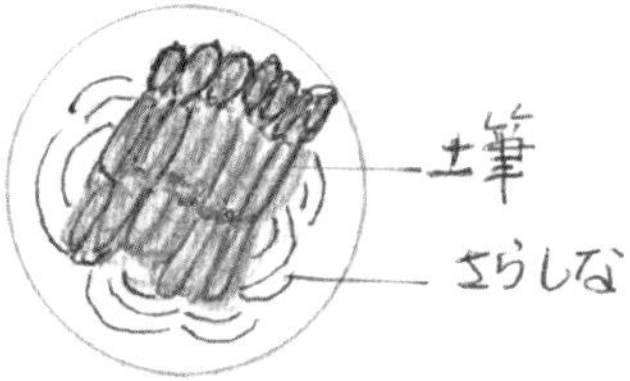

ちの顔に笑みを送りながら、本醸造を飲んでいる。

芹摘んで　春の香りの　中にいる

淡い緑のそばの下地に浮かぶ斑点。

「**芹**ですか?」

そばはもちろん、そばの芯粉十割をお湯で打ち上げた細打ちである。

「芹は、血行を良くし、腸を整えるから、どんどん食べて飲んでください」

そばの微かな甘みと、芹の草味がとけあい「草っぽい感じだなぁ……」と、子どもたちは旨そうに箸を速める。

爽やかな緑といい、サクサクした歯切れに、「こりゃあ、まいった」と両親は本醸造がすすむ。

白魚が　喉をくすぐる　春の味

過ぎゆく春を衣にまとい、

「**白魚の掻き揚げ**で、**田舎そば**をどうぞ」

白魚は一寸ぐらいの大きさで、透き通るような銀色が何故か食欲をそそる。濃いめの天ぷら粉にからめ、胡麻風味の油で揚げると、白魚の白色が冴えてくる。うすめの辛汁を温めてその中に浸し、芹を添えると、

「うっまそう」

胡麻の風味の中、白魚のやさしい甘みが、

「とろけそう」

この辛汁に、田舎そばの細打ちをつけて、「スルスルスルー」「うまいねェ」。夫婦は顔を見合わせ「納得、納得」。そして、子どもは競うように箸を走らせる。明るく楽しい家族にホッとする。

「いつまでも健やかに」

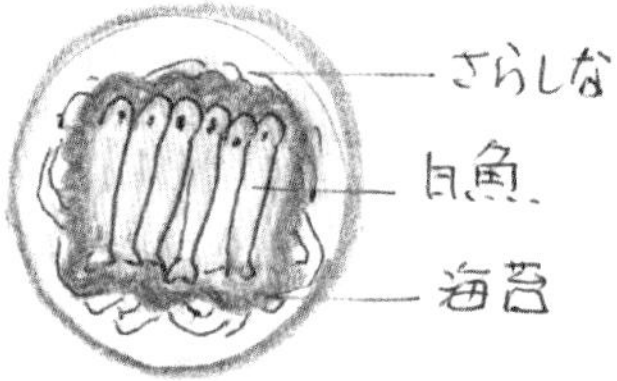

（平成十七年四月）

清明

四月五日〜十九日頃

筍、木の芽

木の葉の間をそよぐ風に吹かれていると、地面から湧き上がる穏やかで温かい力に抱かれて、生きていることに気づかされる。

「筍を掘ってきたぞ。木の芽もあるが……何かに使えるか！」

山歩きの好きな先輩が、春の命を運んできた。筍は、太くて短い円錐状。しかも、表皮が黄淡色で、「これは、すぐれものだぞ」。

地を割り、天を指しすくすく伸びる筍。まさに、「地の歓喜」である。

雨つづく　竹の子じっと　しておれず

鍋に、筍と一つかみの糠を入れ、ぐらぐらと沸いたところで火を止め、そのまま冷やす。一枚一枚、皮を剝いでいくと、淡い黄色の姫皮が「今、生まれました」と言いたげに現れる。

姫皮をやさしく剝がして甘汁に浸し、そば粒を添えると、**姫皮のそば粒添え**。口の中に、微かな甘味と苦みが広がり、「うれしい味だなあ」と、笑顔がこぼれんばかりについ声が高ぶる。

次は、小鉢・**筍の天ぷら**。小ぶりの筍は、薄衣を付けて天ぷらに「油にくぐらす程度で揚げるように……」。

小鉢に、御膳そばを入れ辛味大根と筍を添えると、

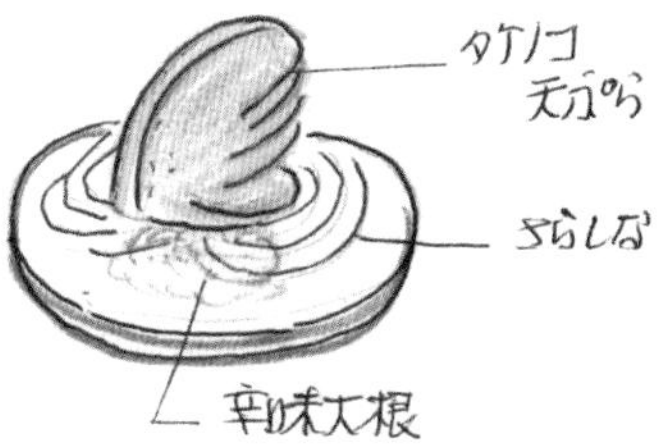

「サクッと弾ける歯ざわりがたまらん。口の中は、春の甘みでいっぱいだ」

あたたかい　土あたたかい　芽が育つ

サッと茹でて水に晒《さら》した木の芽。若芽は、やわらかくて活き活きしている。

続いて、**小鉢・たらの芽**。たらの芽も茹でて、ひと口大（たて割り）に切って甘汁につけてお浸しに。御膳そば入れた小鉢に、辛味大根とたらの芽を添えて食べると、

「たらの芽の苦みがやわらぎ、香りが一層引き立っている。そばの甘みと辛味大根のおかげかなぁ」

「天ぷらが一番旨いと思っていたのに、お浸しもなかなかのものだね」

「これは、**通草《あけび》のお浸し**です」

通草は、甘汁で少し煮て冷ます。お浸しとして食べても、御膳そばに添えても、

「野趣な香りと甘みが最高だ！　初々しい生命感がいっぱいだよ」

木の芽は、疲れをとり睡眠を助けるという。一週間も続けると精力は付くし、気分爽快になる。まさに、「健胃強精剤」である。

「仕上げは、**木の芽切り**といたしましょう」

うす緑の下地に、緑の斑点の可愛いい細打ちそば。山椒の新芽（二五g）を手切ること一時間。新芽を庖丁で細かく刻み、御前粉（六〇〇g）に打ち込む。歯切れ、舌触りの良さに、

「山椒の香りと、そばの甘みの溶けあう様は、めんの最高峰！」

「わぁ、驚き驚き、恐れ入りました」

そばは、気取らず、てらわず、声高らかに食べてこそ、

「うまい」

そば屋の仕事は「木鉢と土たんぽ」。旨いそばと旨い汁。

そば屋の仕事は楽しい。

（平成二十年四月）

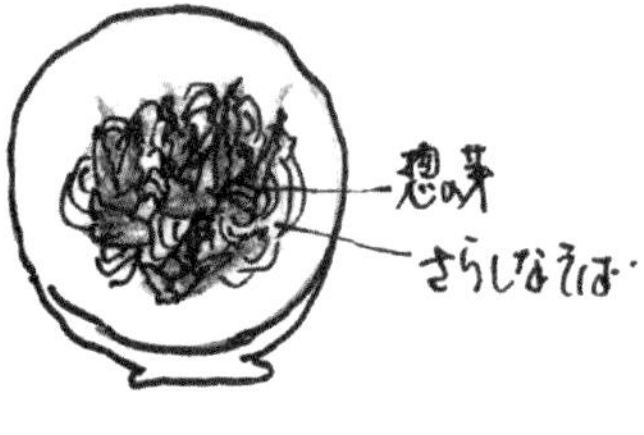

旧暦三月・菜《な》虫《むし》化蝶《ちょうとなる》

昨日は、糸のような優しい雨が音もなく降り続き、肌寒い一日であった。一転、今朝は麗らかな晴れ間が広がっている。この暖かさは、桜を色づかせ、間もなくその香りを漂わせるだろう。

「さぁー、御馳走の重箱を持ち寄って、野山へ出かけよう！」

太陽の光をいっぱいに浴びた辛夷《こぶし》の花は眩しいほど白く、空の青さを際立たせている。

「この咲き方なら、今年は吉だぞ」

雪解けとともに芽を出す野草は、土筆、ゼンマイ、嫁菜、芹と、土手に、枯れ草の下に、アッという間に、竹籠の中は野草で一杯になっている。

「野山すべてが光輝く、この清浄明潔な一時を、田の神と一緒に、御馳走を食べて遊びましょうよ」

「さて、重箱の中身が楽しみ、楽しみ……」

一の重には、**そば粒の袋煮**。

油ぬきした油揚げの中には、茹でたそば粒、鴨肉、ささがきごほう、そして細かく刻んだ人参が入っている。鴨肉は細かく刻み、野菜とともに、フライパンで炒めたもの。油揚げを包んでいるかんぴょうは、水でもどし、薄い甘汁で味付けしている。

「中身は何かな？　楽しみ、楽しみ……」

まず一口、口に入れると、

「えぇっ、かっ、かっ、鴨汁がしみ出てきたぞ。ごぼうの風味も良いし、人参の甘みだって……憎い味だよ！　お酒を一口、お願いします」

「意外に、爽やかな味わいなんだよね」

「袋煮の汁にコクがあって、たまらなく美味しいわ。私に、お酒が飲めたらねぇー」

二の重に入っているのは、**野草のお浸し**である。

「ちびり、ちびりと酒を楽しむ人には、お浸しは、〝たまんない肴〟なんでしょうね」

土筆は、袴を取って甘汁で煮ている。

「この土筆、頭がずんぐりして、茎も太くておいしそうだ」

「しゃきしゃきした食感がいいねぇー」

「噛めば噛むほど、旨味が出てくるようだよ」

「土筆一本で、ぐい呑み一杯飲めるんだよ」

「ぜんまいのお浸しは、めずらしいですね」

「苦みがあって……なるほど、大人の味わいだな」

ぜんまいは、灰汁で茹でてアクを取ってから、甘汁でよく煮る。さらに、もう一度煮る。そして、四、五日冷蔵庫で寝かせると、ぜんまいのエグミが自然にとれる。

「独特の苦みがいいよなぁー」

「栄養価が高く、酒にも合い、神経痛にも効果があるのだって」

嫁菜はサッと茹でてから、たっぷりの甘汁に漬ける。嫁菜の香り、やわらかな歯ざわり、そして微かに残る苦みに似た味わいが、「お浸しの最高峰！」なのかも……。

薊のお浸しだって、「歯ざわりが爽やかで、美味しいよ」。

春先の薊は、地面にへばりついている。トゲは気にならないが、味は良くない。この時季は、中心の茎が立ちだして、美味しくなる。トゲが気になるから、よく茹でる。さらに、たっぷりの甘汁で煮る。

「胡麻の香りに似た風味がするぞ」

「ゆっくり味わいながら飲みたいものよ」

三の重には、淡い黄色の瑞々しくておいしそうな湯葉がある。一つは、**湯葉巻ずし**。中身は、御膳さらしなそばと山葵漬。そばには、甘酢がからめてある。山葵漬は、辛汁につけ込んで味付けしている。

湯葉がとってもジューシーで、その甘味と味わいに、

「口を開けたくない」

山葵の辛みと香りが、湯葉の甘味に、

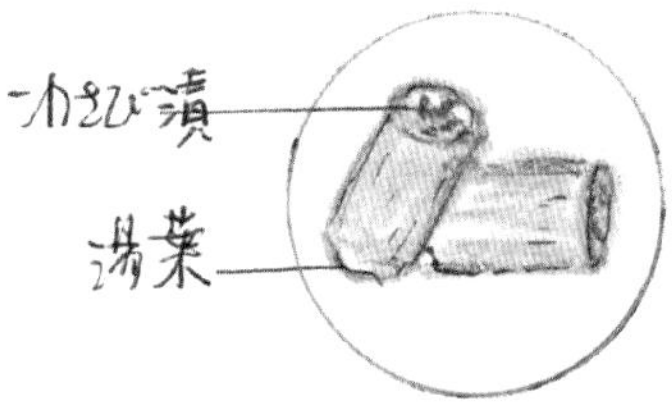

「こんなに溶けあうなんて……」

「とても幸せになっちゃう」

「凄すぎる、たまらなく美味しい」

もう一つは、**そば旨煮**。

茹でたそば粒を、**湯葉**で包んである。湯葉の上には、辛汁に葛粉を入れてとろ味をつけてのせている。湯葉の甘みと、辛汁の辛み、甘みが溶けあって、口の中は、「幸せがいっぱい」。

四の重には、**嫁菜飯**。

「白い飯と緑の鮮やかな色合いが春らしい」

枯れ草の下で、嫁菜はひっそりと、数枚の舌状の葉を開いている。根っこを引き抜くのでなく、紫がかった茎を爪先で切り取るのがコツ。

それを、塩をひとつまみ入れたお湯で茹でる。ぎゅっと絞って、みじんに刻み、辛汁を少し入れて、フライパンでから煎りする。これを、炊きたてのそば飯に合わせる。そば飯は、白米とそば米を同割にし、水は白米の二割増しほどに。

「嫁菜の香りがなんだか懐かしく、恋しさを感じますね」

なんでもない草のかたまりが、白い飯と合わさった途端に見せる、白と緑の色合いに、「楽しくなっちゃう」。

お吸い物にも、嫁菜を二、三枚浮かせている。

「えぇっー、この香りはお・み・ご・と」

一つの道は険しく遠い。そば屋になってよかった。

（平成二十三年四月）

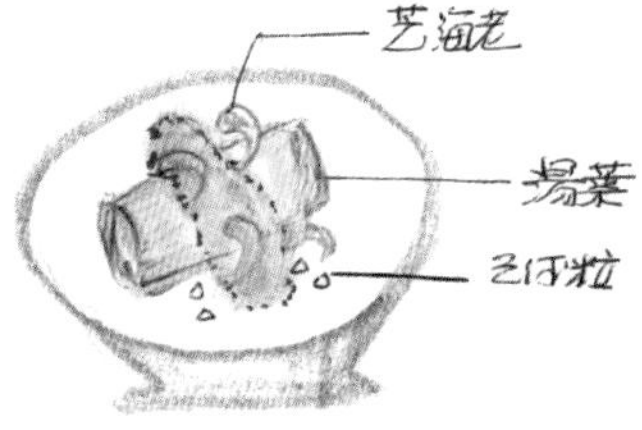

わさび漬 湯葉巻 芝えび寄せ

穀雨

四月二十日〜五月五日頃

玉子焼き

四月は晴れの日と雨の日が目まぐるしく変わる、まさに「気まぐれ月」である。その雨や風は、百穀をうるおし、木々の芽立ちを助けて開かせる。

春の雨　しずかに樹々を　呼びおこす

「ねェー、美術館でミュシャの『スラブ叙事詩』見ました？　一枚一枚の絵の超自然さと力強さに心打たれちゃって……」

よほど感動したのだろう。色使いの細やかさなども説明してくれながら、

「ねェー、飲もうよ、そして美味しいものを何か料理《つく》ってよ」

「のどかな春の風をイメージした**春菊切り**ですよ」

「へぇー、何て色合いが爽やかなんでしょう。ふくらんできた木の芽の薄緑という感じですね」

いきなり、そばに箸を走らせて、

「そばの甘み？　春菊の甘みかなぁ……美味しい。でも思ったほど香りが残らないのね」

芸術に鋭い感覚の人は、味に対しても率直なのである。

「歯切れのよさで、つい食べちゃった」

厚焼きの　玉子におろしの　薄化粧

「ねェー、豆腐みたいな玉子焼きをお願いできますか」

甘口の酒と玉子焼きは、昭和になる頃までは、そば屋

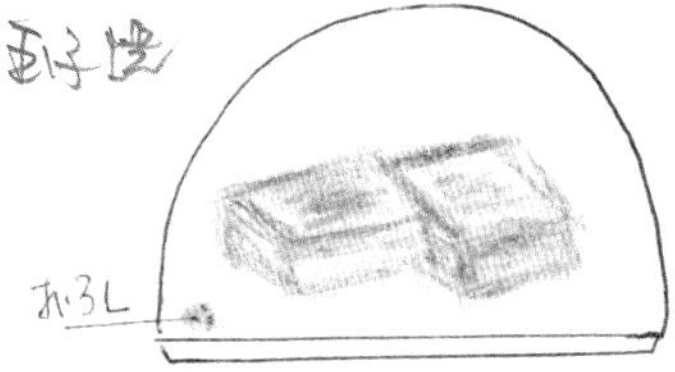

の自慢であった。

「そばの汁をたっぷり含ませて焼くところが、コツなんですよ」

丼に大きめの玉子を二個割り入れ、そば汁で割り、熱した焼き鍋に流し込む。玉子汁を寄せる程度に扱いながら、強火でサッと焼き上げていく。焼き鍋の角を利用して形をととのえたり、上から木蓋（カマボコ板）で押さえつけて中の空気をぬいたり、最後は化粧焼（焦げ目をつける）をして、

「**玉子焼き**でぇ〜す」

まさに、ふっくらと厚く焼き上がっている。

「おいしそう、『染めおろし』で食べる江戸前もいい。温かいだし汁に浸してあるのも粋だよねぇ〜。今日は、そのままで食べようっと」

さっそく箸でつまみあげ、

「……か・ん・げ・きぃー」

「噛むとつゆがしみ出るようで……ふあーとやわらかいし、玉子の甘みも、サ・イ・コォーよ」

「ねェー、飲もうよ」

「このふっくら感と焦げ目……ほんとに思いをとげられて嬉しいなぁー。どこへ転勤になっても、『江戸の粋』は忘れませんよ」

「まんぞく、まんぞく」


（平成十九年四月）

晩春の膳

韓国、通度寺《トンドサ》・端雲庵《ソーウンナム》にて、絹のようにひかる春の空。

車窓からの景色は、「やはり、日本とは違うぞ……」。

白い辛夷の花はひっそりと咲き、黄色い連翹《れんぎょう》の花が群生している。そして、道路にそって小さな盛土（墳墓）が、景色をくずすことなく点在している。

端雲庵の台所には、ところ狭しと、蓬、タンポポ、芹、甘草などが竹笊にたっぷり盛られている。

まず蓬である。

「生まれたての新芽だね」

蓬は、生々しく軟らかそうな、淡い緑色である。サッと茹でて、水に晒す。ギュッとしぼって、包丁の背で叩くと、香りが出てくる。あとは、包丁でみじんに刻む。蓬を湯練りをした御膳粉に打ち込むと、

「緑が艶やかで、うるわしい」

蓬は、そば粉の一％ほど入れている。食欲をそそる仕上がりに心はうきうき。大きな竹笊には**蓬切り**、**御膳さらしな**、そして**田舎太打ちそば**が盛られている。

田舎太打ちそばは、石臼極粗挽き粉の生粉打ちである。そば粉は、氷温貯蔵の寒熟そば。淡い緑色も瑞々しい。

田舎そばは、黒く艶があり、そばに角《かど》もあり、男性的でたくましさと強さを主張している。薬味として、おろした辛味大根、醤油、梅肉、そして味噌（コチュジャン、テンジャン、サムジャン）が用意されている。

息つく間もなく、箸を急ぐ口には、

「生まれて初めての食感と味わい」に、満足げな微笑みがこぼれている。

さらに、田舎太打ちそばの**あつもり**を大皿に盛ると、

「わあーっ」

そばの香りに、そばの淡い緑の艶に、驚き、頭をのけぞる。しかし、時を移さず箸と口は、いっせいに活動する。ただただ、上下に顔をふりながら、嬉しそうにうなずいている。

「うん、うん、……」

そして、次の椀を待っている。

一つは、**たんぽぽのお浸しのそば**。たんぽぽは、芯の若いものばかり。葉は、しなやかで色も濃くない。噛んでみると、苦みがない。

「最上品だ！」

サッと茹でて水に晒して、よくしぼり、少し濃いめの甘汁に浸す。椀に御膳そばを入れ、おろし大根をのせ、たんぽぽを添える。

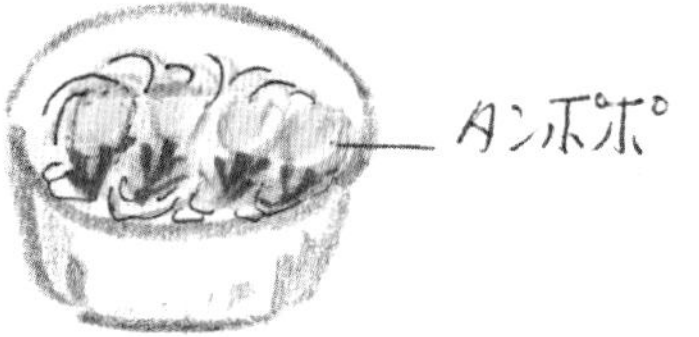

「かすかな苦みの中に香りがあって……心地よい味わいだね」

「こんなに風味があるとは思わなかった」

御膳そばの上に、**たんぽぽの掻き揚げをのせた小鉢**には、

「うっ……すごい香りと食感だ。光る春の味わいだよ」

もう一つは、**甘草のお浸し**がのっている。甘草は、お寺の周辺の土手に生えていたもの。五、六cm程で、薄い緑色をしている。あそこにもここにもと、かわいい剣のような形をして、「私を食べて」と、人の手を待っていたもの。とても軟らかくサッと茹で、水に晒して甘汁に漬ける。小鉢の御膳そばの上に、おろし大根と甘草をたっぷり添えている。

「ほんのり甘く歯ざわりもシャキシャキしている。新鮮だね」

「やっと始まった春の優しさよ」

蓬めし　今日の原の　匂いあり

炊きたてのご飯は、五分搗きである。少し塩をきかせた蓬をのせ、炒ったそば粒を添えて「**蓬ごはん**です」。

蓬は茹でて刻んだもの。蓬の独特の香りに、

「まいったよ。ここは韓国なのに……日本から失いたくない味だよね」

止め椀は、「**蓬の味噌汁**です」。

薄めのそば湯に、味噌（テンジャン）を溶き、わかめや荏胡麻を入れて仕上げている。蓬の茎は包丁でよく叩き、葉はよく煮ている。

「蓬のもったりした感じがいいねぇ」

「口に優しく、心が落ちつくよ。これも、日本の心っていう感じかなぁ」

立つ客を　暫しおさえる　山のお茶

漆塗りの小皿には、和紙が敷かれ、和紙の上には、**揚げそば**が置かれている。**蓬の天ぷら**を添えて、緑の彩りに春の色を。揚げそばのパリパリした歯ざわりに春の爽やかさを　そばの甘みに春の優しさを感じながら、**韓国山茶**を楽しむ。

性披君僧人《ソンパクンスイン》の語りは、心地よく穏やかな時が流れていく。

風の声を聴き、太陽に心躍らされた韓国での数日間。太陽の恵みや、空気

や木々の緑の恵みによって、私たちは生かされている。普段、見過ごしていたものに気づいた時、人は満ち足りた気持ちになる。そして、心の底から感謝の気持ちや感動が湧き起こる。

心からの笑みが術（技）を生む。

ゆっくり生きよう。そば屋の仕事は楽しい。

（平成二十二年六月）

蕎麦民間療法

重い冬から解放され、おだやかな日永を感じさせるのんびりとした春の昼さがりに、か細い女性がやって来た。

「私は、五年半前にガンの病気を患い、抗ガン剤を途中で中止いたし、食事療法に切り替えました。

一カ月前に、既成の病気でない症状〝飲み込みづらい〟ことが生じ、一時は流動食を余儀なくされ戸惑いましたが、良い食べ物を食すれば薬になる！快復すると信じて、調理法を工夫いたす等、食することが出来るようになりました。

未だに固い物や繊維質のある物は飲み込めませんが、時間が解決いたすと信じております」

との手紙をいただいていた。

「先日、頂戴しましたそば湯を五日間飲み続けました。日に日に血行も良くなり、健康を感じています。今日は、そばを頂きにやって来ました」

まずは、**そばがき**。

そばがきの専門鍋に湯を沸かし、少し軟らかめに仕上げる。この鍋は陶器にテフロン加工をしたもので、そばがきがふっくらと仕上がる。辛味大根をおろし、そのしぼり汁に醬油を少し入れて付けて食べると、

「やんわりと、とろけそうな食感で、そして甘い」

嬉しそうな顔の中から、小さな声で「おいしいです」。

そば味噌を味醂で溶いてつけてみると、「う〜ん、うん、おいしい」と、満足そうに頷く。

さらに、甘汁に大根のしぼり汁と酒を少し入れ、沸かした中にそばがきを落として。

「う〜ん、これはこれでおいしい。よりやさしい食感を楽しめますね」

「大根汁の辛みの中に、そばの甘みがとても美しく、心も落ちつき潤いました」

続くは、**そば粒とろろ仕立て**。

そば粒は水から茹でる。沸騰する寸前に笊に揚げる。この作業を七、八回すると、そば粒の三つの角が崩れずに茹で上がる。

そばがき鍋にそば湯を入れ、鍋に付いたそば粉を落とす。鍋に、茹でたそば粒、次に甘汁を入れて味を調整する。沸いたところで小鉢に移し、辛汁で味付けした山芋をのせる。細く刻んだ柚子を添えて。

「山芋にそば粒がよく絡んで、愛しい味わいですね。柚子の香りも心地よく気持ちが落ちつきます。山芋に絡んだそば粒が、喉もとを通るたびに、元気が出てくる感じですよ。嬉しくて涙が出そうなの。心が、わくわくするって……久しぶりだわ」

そばは、古来「蕎麦民間療法」といって、薬物的な食物とされていた。禅僧や仙人が、そばだけ食べて生活を続けたともいわれる。

さらに、山中深くに籠《こ》もった修行僧は、腰にそば粉を下げ、水に溶いて食べながら励んだという。それは、そばが良質タンパク質を持った完全栄養食品であり、不老長寿食だと信じていたからだろう。

止めは、**かけそば**。

そばは、御膳さらしなそばの生粉打ち。大根のしぼり汁を少し入れる。

「とても、口当たりがいいですね。大根の香りが心地よくて、食べていて楽しいわ。そばの味も淡泊でやさしく、その甘みも口の中に広がっています」

血行が良くなったのか、次第に、その女性の顔に赤味がさしたようで、艶っぽくなっている。そばは、脳の栄養にとって大切なビタミンB_1・B_2が多

く、頭の働きを良くし、神経の緊張をやわらげるという。大根汁が発汗を促したのだろうか。

「身体が温まって、汗をかいちゃった。久しぶりですよ」

「赤い茎に、白い花をつけた可憐な植物のそばが、私を元気づけて生きる喜び・勇気を与えてくれているんですね」

甘味は、**百合根がき**。

百合根は、鱗片を一つずつはずして茹でる。包丁で細かく刻み、すり鉢に入れて、よくあたる。それと同量のそば粉と、水を少し入れてしゃもじ等でよく混ぜたものを、半月状にして茹でる。蜜を塗って、黄粉をまぶして出来上がり。

嬉しさを顔一杯にして、

「おいし〜い。黄粉の香り、蜜の甘みに凄く感動しています。そして、口の中では、百合根がくだけていく食感がたまんない。

百合根って、栄養があって、蒸してよし、肉との和え物や、粉にして餅にしたり、麺にもしたりと……昔から、日本人に愛されていたらしいですね」

知識が言葉にのせて、よどみなく涌き出てくるようだ。

そばに含まれているビタミンB_1・B_2が、記憶細胞の保護・活性化をさせたのだろうか。

「死んでも、薬をのまないわ。食にこだわって、おいしく楽しく食べて、明るく生き抜くわ」

「貴店でおそばを頂き、これまでの〝おそば〟の味等の固定概念と違った食感を得ることが出来ました。素材のこだわりや調理法の創意工夫から生まれるのだと実感しました。体の隅々まで栄養が行き渡り、吸収されて、弱った私の体に元気を与え、喜んでいく様に、嬉しく存じました……」（手紙より）

一つの道は険しくて遠い。

そば屋になってよかった。

（平成二十四年四月）

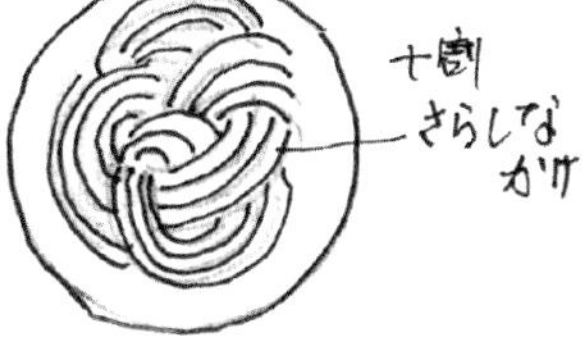

夏

立夏……5月6日〜
小満……5月21日〜
芒種……6月6日〜
夏至……6月21日〜
小暑……7月7日〜
大暑……7月23日〜

立夏

五月六日〜二十日頃

揚げそば

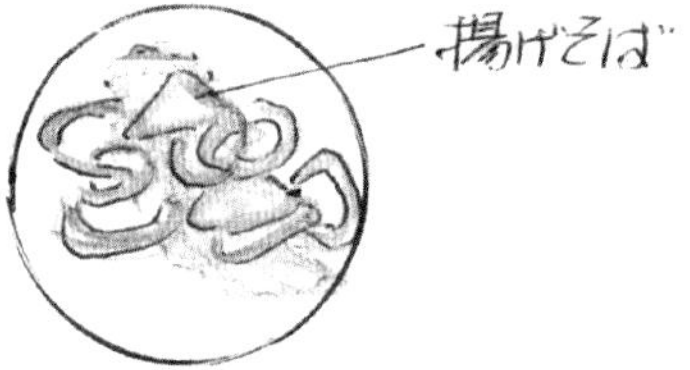

カラッと晴れた明るい陽射しのもと、アゲハチョウが舞い、プラタナスの新緑が輝き、そして噴水の音が涼しげな、五月はそんな月である。

山川草木　人も五月の　身づくろい

「口の中でパリッとはじけた時、胡麻の風味とそばの甘みのハーモニーが絶妙だね」

うれしそうに、夫婦は目配せする。そばの切れ端を胡麻油で揚げ、葛粉でとろみをつけた甘汁をその上にかけたもの。

「**揚げそばの旨煮**と呼んでいます」

「切れ端だから、いろんな形があっておもしろい。子どもの頃のおやつみたい！」

口いっぱいに押し込む無邪気な姿が、愛らしく思えてしまう。

「食べものが少なかった子どもの頃、一つのものを夢中で取りあって食べていたことを思い出しました」

「そばのタンパク質にはアミノ酸、そしてビタミンB_1、B_2も多く、健康に最適なんだから……。誰もがもっとそばに親しむと、明るい日常生活が開けると思うのにネ」

仕事を思い出したのだろう。酒を、ゆっくり口に運びながら一点を見つめている。

「このギョウザのようなものは何ですか？……おっ、パリッとした感触がいいねぇー」

椎茸、茄子、人参、ねぎ、そして、鴨肉を炒めたものを、四角に切ったそばに包んで揚げたもの。

「**南蛮揚げ**と呼んでいます。ネパールやブータンでは、今もこの食べ方があるらしいですね」

この南蛮揚げには、甘汁に大根汁と酒を加えて味付けして温めたものをかけている。まずは、噛むとパリッとした感触にうれしくなる。さらに食べると、カツオ風味に包まれた汁と炒めた野菜の香りが……。

「そばの歯切れが、風味が……酒を呼ぶのだろうか？」

照れくさそうに「お酒をもう一杯」と続く。

仕上げに「**花巻そば**をお願いします」。

海苔と本山葵の香りに包まれながら「スルスルスルー」。

「うまいなぁー、そばの歯切れ、汁のやさしさ、うまいなぁー」

この純粋さこそが、病者に対して、己を捨てて人を救おうと立ち向かっている姿の元にあるのだろう。食べることで、飲むことで、スポーツで汗をかくことで、医者という緊張感から束の間の解放を楽しんでいるのだろう。

山葵と海苔の香りが残る汁を飲みながら、

「まんぞく、まんぞく」

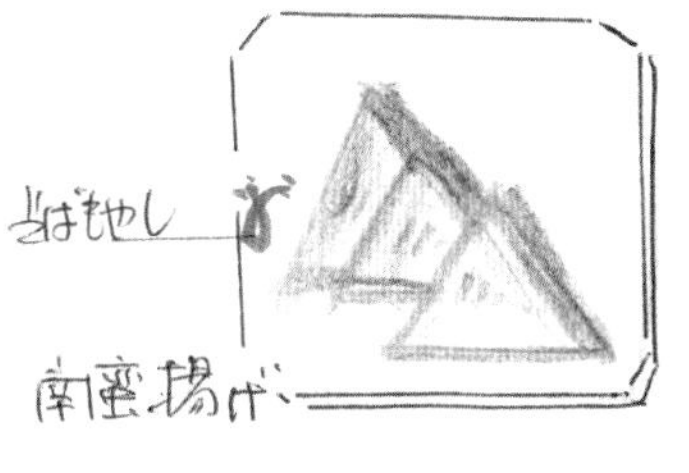
南蛮揚げ

（平成十九年五月）

端午の節供そば

若葉・青葉が人々に新しい季節の感覚を与える五月。自然の世界は、見渡す限り、新鮮な緑の衣を着る。

「端午のそば喰う会」のそば前は、菖蒲酒である。

男の子は鯉の滝のぼり
ぼんのゆく末いのりましょう

焼締めの冷酒器に菖蒲の葉が浸してある。

「若葉の香りをはこぶ薫風のように、爽やかだ」

「この香り、穢れを祓いのけてくれそうよ……食欲がわいてきたわ」

付出皿の上には、菖蒲の葉が敷かれている。蚕豆《そらまめ》、根まがり竹、そして**そばがき**と、各々が焼かれて焦げ目がついている。

「うっまそうだなぁー」

辛味大根に醤油、そして味醂で溶いたそば味噌が添えてある。皮（表面）の焦げ目を剝くと、それに包まれたそれぞれの香りが辺りに広がる。蚕豆の緑は宙の香り、根まがり竹は大地の香り、そしてそばのやさしく勇ましい香りに、

「なんと爽やかな味わいなのか、麗しき五月の恵みよ！」

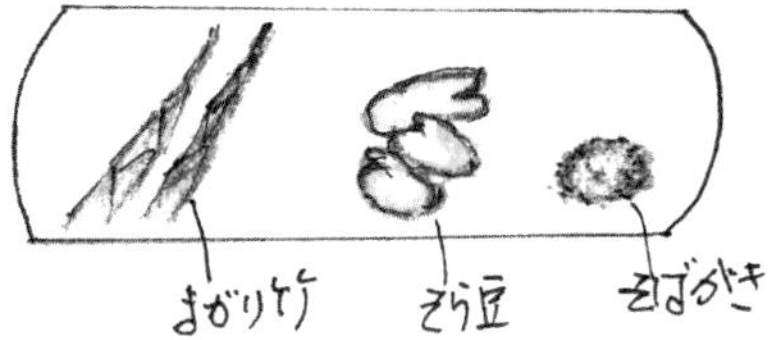

さわやかに　信じる友と　飲む新茶

「色合いの彩やかさに、うっとりしますね」

卵切り、**茶切り**、そして**御膳さらしなそば**と、「**節供三色**」は、まさに五月の若葉と青空、五月の自然そのものである。

御膳さらしな粉を軟らかめに湯練りして、抹茶を入れて打ちあげる茶切り。

「抹茶の銘柄によって吸水性に差があるから打ちづらく、何回打っても緊張するのですよ」

一方、卵切りは、硬めに湯練りをして、卵黄（そば粉二〇〇gに卵黄一個。卵黄一個は二五cc）を入れて打ちあげる。茶切りは、上品な甘味と淡い香り、そして深い緑。

「イイねぇー、『雨に打たれた森の緑』って感じだねぇ」

卵切りのポクポクした食感と甘味の深さ。

「こんなに澄んだ黄色を見ていると、うれしくなっちゃうよ」

この二色と、真っ白に輝く御膳そばとの盛り合わせは、「高級感が溢れている」。

山いもの　ぬめり親子の　絆かも

口直しの小鉢は、**海老とろろ**である。おろした山芋の上には、山葵と海老、そして炒ったそば粒が添えられている。すり鉢でおろした山芋には、泡立てした卵白と甘汁を入れて味を調整している。海老は、薄めの甘汁で茹でて、包丁で細かく切って叩いたものである。山芋はふぁーと軟らかく、甘い味わい。

山葵の香りと、海老、そして炒ったそば粒の食感が、

「たまらないねぇー、口の中はいい心持ちだよ」

「ちびりちびりと食べながら、酒を嗜むなんて最高だよ」

（平成二十一年五月）

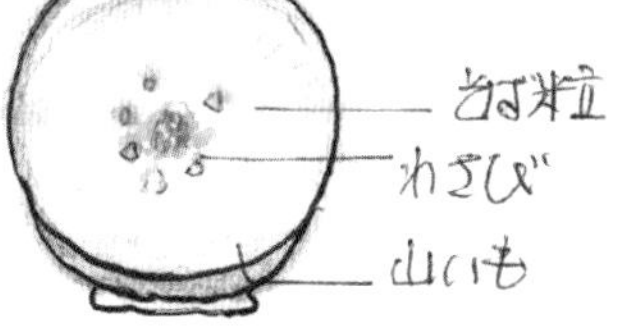

独活《うど》の掻き揚げ

うど到来　燗の熱すぎ　たしなめる

御膳さらしなそばが入った小鉢が二つある。

一つは、独活の皮を掻き揚げにしたもの。掻き揚げの下には、おろした辛味大根をしのばせている。

山菜を天ぷらにすると、エグ味、香りが消えてしまうといわれる。しかし、独活の掻き揚げは、香りと甘みは野性的で「木の芽（自然）の命を食べている」ようで生き返る気がする。

もう一つは、短冊に切った**生独活**に、木の芽が添えられている。

この生独活の白さに、「鮮やかだ、輝いているようだ」。

「淡い塩水に放って、アクを抜いたのですよ」

生独活の白さと、木の芽の緑、そしてそれぞれの香りの調和が清々しい。

そして独活のサクサクした歯ざわりもリズミカルで清々しい。

「幽香《ゆうこう》というのでしょうか、奥ゆかしい香りが……心をなごませてくれま

すね」

止めは、十割そば細打ちの**かけ**。

「醤油の香りが、いいねぇー」

「そばの甘みと香りが、汁によく絡んでいるよ」

「この汁、酒の肴にぴったりだ」

「そばのもちもち感が気に入ったねぇ」

仕上げの甘味は、小豆あんを、軟らかめのそばがきで包み、黄粉をまぶし、柏葉に包んだ、**そばの柏餅**。

「黄粉の香りがいいねぇー」

「そばがきの柔らかさが口の中でとろけそう。小豆の味付けがやさしいからかなぁー。そばの甘みが小豆本来の甘みを引き出して、あっさりしておいしいよ」

「今日は、体内の毒を取り除き、邪気をすっかり祓った感じよ。家に帰って、菖蒲湯に入って、菖蒲枕をして早く寝ましょっと、健康、健康」

そばはかわいい生きもの。そば屋になってよかった。


（平成二十一年六月）

棟上そば

颯爽《さっそう》と衣冠をまとい、棟梁がやって来る。

天地四方の神を拝んだ後、棟木を槌打ちする。棟木には御幣・餅・瓶子等の供物が置かれている。

♪めでたいものは蕎麦の種　花咲いて御門に倉を立て候
　めでたいものは蕎麦の種　三角にかどを立ち揃え♪

「棟上げ歌」が、やわらかい陽射しの中を響きわたっていく。

「さあ！　餅まきをはじめるぞぉー」

晩春の陽の下で、つつじが照り映え燃え立つ。その中へ、餅は紅く、白く舞い落ちる。

喜びを　近所へ分かつ　もちの舞い

餅まきの儀式が終わると、いよいよ酒（祝）宴がはじまる。

材木の切れ端で作った食台には、一升瓶が、煮しめが、そして大きな竹笊には、そばが猛々しく盛られている。陽光に照り返す庭つつじ。それを背にして、そこらの石に腰掛ける者がいる。また、ゴザに半身を横にしてやわらぐ者もいる。

粗打ちの　蕎麦を田植えの　ように喰い

威勢のいい左官・大工連中は、そばを手繰り込み、茶碗酒を一気に飲む。まるで田植えの場に、泥まみれになって食事するように……。

無事にこの時を迎えた家族・近所の連中も、茶碗酒と清めのそばで一時の歓びを分かち合う。

この棟上げの祝いは、小さな建築ではそばと祝儀だけ。もっと簡略なのは、もりそばを一人一枚。そして瓶詰めの酒を見計らいで出して煮しめを添えていた。

やわらかい陽の光が心地よく、酒はもりそばを一層引き立てる。

「うーん、柱も強（太）いが、そばの腰も強い」

「ささやかですが……心づけです」

祝儀に心を弾ませ、

♪めでたいものは　蕎麦の花
花咲いて実なりて　みかどおさまる♪

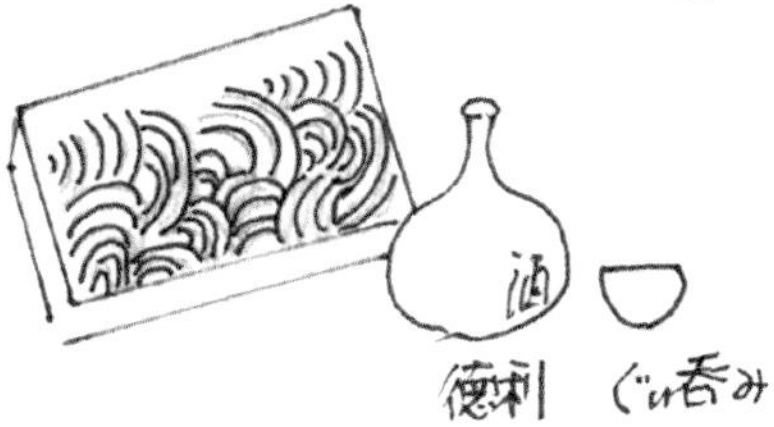

（平成十八年五月）

小満

五月二十一日～六月五日頃

独活と抹茶

「こんにちは。独活を少しばかり採ったの、それと走りのお茶。元気になるものを料理《つく》って頂けますか」

自然を楽しむ、穏やかなご婦人のご来店である。

「山菜を食べることは、自然の命をいただくこと。精をつけましょう」

うど到来　燗の熱すぎ　たしなめる

まず、独活の先端部と皮を適宜に削ぐ。それをさっと茹でて、甘汁に浸ける。茹でている時、水に晒している時、甘汁に浸けている時、独特な香りがゆったりと重く、辺り一面に漂う。

一口食べてみると苦み、香りが強く

「これって……？　大人の味わいよね。お酒を燗で飲みましょうね」

御膳そばに、辛味大根と**独活のお浸し**をのせて食べる。

「あら、不思議。苦みが消えて、香りが引き立っている。おいしいよ」

次に、独活の茎の中身を短冊に切って水に晒す。

「手早くつくらないと、独活のアクが出てしまいます」

御膳そばに辛味大根と独活をのせ、梅肉を添えて辛汁をかけると、

「私って、梅が好きなの。うれしいわ。白魚のよう

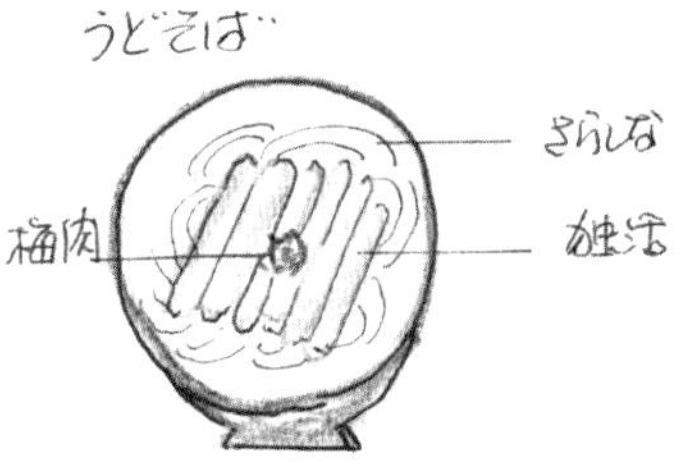

に白い独活と、梅肉の赤との色彩のバランスが美しくって、箸が出ませんねぇ」

「独活のサクサクした歯ざわりがいいわ。梅の酸っぱさが消え、甘味を感じますが……？　そばの甘みのせいですか。さっぱりした後口がうれしいですね」

「さて、最後は**独活の掻き揚げ**ですよ」

土の恵みを活かすのは、天ぷらがいいという。天ぷらは、山菜のアクを分解し、甘みを引き出すという。東北の農村では、祭りの行事や祝儀の席で天ぷらを並べる。油が高価なため、天ぷらは贅沢な食べ物で、貴重なビタミン源でもあった。

小鉢には、御膳そばに辛味大根が添えてある。独活の皮を剥ぎ、掻き揚げを添えて食べてみる。一瞬眼を閉じ、沈黙が続く。

「うん……香りが豊かで……独活の風味と、天ぷらの甘みが、口の中で広がって。やだぁー、お酒がほしくなるわ」

「御膳そばだから、天ぷらも、あっさりしてるわ」

さわやかに　信じる友と　飲む新茶

「鮮やかですね。まさに上品な彩り」

笊の上には、**茶切り**と御膳そばが盛り分けられている。茶の緑と微かな香りが独特の趣きをかもしている。御膳そば粉を湯練りにして、玉にまとめてそこに抹茶を加える。抹茶は、湿気や粘りを奪う性質のために、

「軟らかめにそばを練るのです」

「眼に鮮やかですね」

「『色物の横綱』といわれています。抹茶は、そば粉の三〜四％なんですよ。多く入れすぎると毒々しい色合いになり、食感をそいでしまいます」

「わぁー！ 香り以上に甘みを感じるのですね。そばの甘み、抹茶の甘みの影響なんですか！」

「うん、うん……」

一口一口を噛みしめながら味わっている。人は自然にやすらぎを求める。その主役は、木や草の緑という。

そば屋の仕事は「木鉢と土たんぽ」。旨いそばと旨い汁。

そば屋の仕事は楽しい。


（平成二十年五月）

木の芽切り

お昼のお客もそろそろ終わりかなと思う頃、紺の背広をキリッと着こなした紳士が暖簾をくぐる。

物静かに席に座るがはやいか、**木の芽切り**をすすめる。薄い緑の下地に、木の芽の斑点が、ポツンポツンと浮き出ている。

この蕎麦を、薄めのつけ汁で食べると、

「ウーン、春を実感するなァー」

口いっぱいに広がる山椒の新芽の甘い香りと、そばの歯切れの良さに「モウ、カイカン」なのである。

風五月　母にうれしい　木の芽和え

木の芽は、新芽を千切り、包丁で細かく叩き、御膳粉にもみ込んで細く打ち上げる。もちろん、そば粉十割の湯練りである。

「あっという間に食べちゃったぁー」

口当たりがよく、爽やかなせいか、「少し、こってりしたものを食べたいなぁ」。

「そば粉の揚げものといきましょう」

水溶きしたそば粉を、うずらの卵と塩少々で味を整え、そこへ塩茹でして無造作にちぎった芝海老を入れる。それを、胡麻の風味がきいた油で揚げると、「溶岩のようだねェー」。

辛味大根と醤油であっさり食べる**霰揚げ**もよし。

「ウーム。カリッとした歯ざわりと、とろけるような舌ざわりがたまらない」

さらに、酒と大根汁を入れた甘汁を煮切ってかけてもよし。

「**そばがきのみぞれ煮**です」

「おっ、いいねェー、胡麻の風味と、そばの甘みの調和が、何ともうれしいねェー」

ひと箸ひと箸と、味を確かめるように噛んでいる。

「ちょっと口さみしいから……お酒を少し……」

少年っぽさをはじらうような笑みが一瞬よぎった。そんな表情の中に「不動の心」を感じる。仕事にも、人との付き合いにも、虚明な心を持って誠実に立ち向かっているのだろう。

「仕上げは、大好物にしましょう」

葱を短冊に切って卵でとじ、海苔をあしらって、

「ハイ、**玉子とじそば**です」

克也さん、いつまでも健やかに。

（平成十七年五月）

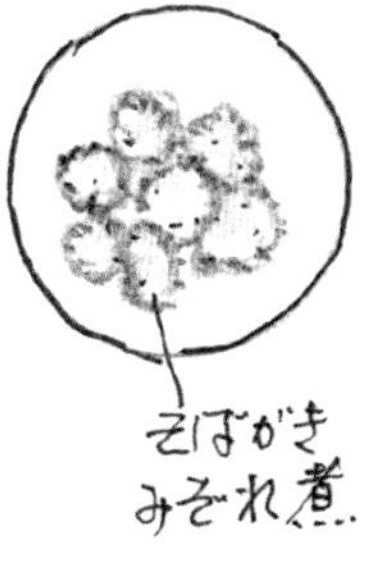

拘《く》杞《こ》のそば飯

日本で出土した最古のそばの花粉は、一万年前まで遡る。古人は、どのようにそばと関わっていたのだろう。粉を挽き、水で捏《こ》ねて蒸したそば団子として、さらにその団子を焼いたりして食べていたのだろうか。

そばに限らず、天の恵みのよって与えられた食物に感謝し、大切にして、過食せずに、健康で活き活きと楽しんでいたのでは……。そして、海草や魚、自然塩を食べてカルシウムの不足を補っていたのではないか。

「ごめんください」

久し振りのご来店。顔色もよく、元気そうである。

「ストレスを抱えながらも、よく働き、食べ、さらに飲む。自分の食欲にまかせた我が儘な食事をして、気が付いてみれば、人工透析の日々を送るはめ

になったとは。今は笑いながら話せますが……」

前菜の小鉢には、**竹の子の姫皮**に、茹でたそば粒、そして海草（あおさ）を添え、甘汁を浸している。

「姫皮の竹の香りと甘みがとても自然だね。そば粒の淡い甘みもハッピーだし。あおさの緑が、色彩的にも、味覚的にも、そば粒と姫皮を縁組みしている感じだ」

「少し、お酒を頂けますか」

焼き物皿には、蓮根、牛蒡、百合根、そして葱が、焦げ目が少し付いた状態で焼かれている。ブツ切りの鴨肉も艶々として輝いて焼かれている。側の小皿には、おろした辛味大根に醬油を少しかけている。

「蓮根のコリコリした歯ごたえ。口に広がる甘い香りを、すごく感じます。牛蒡の香りもいいねぇ。噛み切った後に残る甘みも合点、合点だよ。さらに、百白根の粘りと甘み……いいですね」

鴨肉を、大根おろしを添えて食べてみる。

「軟らかい、鴨の肉汁と香りが口中に広がり、幸せ一杯ですよ」

「今は、自然界の力に感謝することを忘れずに、生きること。食することの緊張感を楽しんでいます。以前より、今日《いま》の方が食材の本来持っている旨み、香り、そして苦みを味わうことができるみたいです。食べることがとても楽しく、生きる喜びを感じています」

蒸籠は、**木の芽切り**。

さらしな粉（三五〇g）の生粉打ちに、木の芽（山椒を六g）を入れる。包丁で、山椒を徹底的に細かく刻んで打ち込む。

「山椒は好物なんです。淡い緑色がとてもきれいなそばですね。そして、緑の麺線に浮いている山椒の斑点が、可憐で美しい」

汁を付けずに食べると、

「山椒とそばの甘みが心地よく、嬉しくなってしまいますね」

止め椀は、**渦巻き揚げそば**。

さらしな粉に雲丹《うに》（そば粉の二割五分程度）を入れよく混ぜて、そばがきをする。巻き簀の上に、焼き海苔を

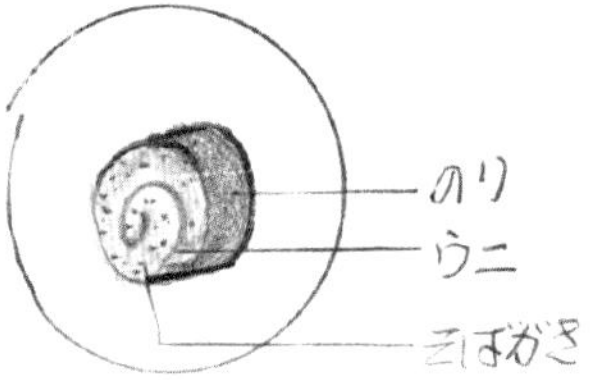

広げ、そばがきを一面に塗りつけて、寿司のように巻く。これを、熱した油の中に入れ、サッと揚げる。手早く熱湯をかけて油切りをして、一口大に切って椀に入れる。汁は、薄いそば湯に甘汁を入れて、味を調整したもの。そこへ、三つ葉を添える。

「海苔、雲丹のバランスがとてもいい。揚げ物なのに、とても味わいが軽くてやさしい。切り口の断面に、うにの『う』の字が残って、魅力的ですね。汁がそば湯だから、心が落ちつきますよ」

拘杞とって　ほかの山菜　かえりみず

そして、**拘杞のそば飯**。

「拘杞の混ざったそば飯が食べられるなんて……感動ですねぇー」

「つい、子どもの頃を思い出しちゃった。拘杞は、傾斜のある土手に生えていて、細い枝をしなわせるように茂っていましてね。精がつく健康食だからといって、他に山菜があっても目もくれずに若葉を採ったものですよ。豚肉の千切りや、筍、椎茸を加えて炒めた物をよく食べていました。それから、先っぽの軟らかい茎を二〜三㎝程摘んで、天ぷらもしてましたね」

若葉を茹でて刻み、炊きあがったそば飯に混ぜただけ。そば米が七割と、七分挽きの米を三割の混合。

「ほのかな香り、甘みが上品だ。やさしい苦みが食欲をそそりますよ。そして、食後の爽快感が何ともいいですね」

「自然の力に感謝して、このすばらしい愛と親切を生活の中にとり入れて、健康で楽しく生きていこうと思ってます。もちろん、血圧コントロールや、水分量の維持という食事療法を抱えながら……」

一つの道は険しくて遠い。そば屋になってよかった。


（平成二十四年五月）

旧暦四月・霜《しも》泊《やみて》出苗《なえいずる》

降り積もった雪のように白い卯の花は、初夏の香りを辺りに漂わしている。空では、杜鵑《ほととぎす》の初音が夏の到来を告げる。この時季は、雨が降るたびに、南風が吹くたびに、ふくらんだ木の芽が一斉に小さな薄緑色の葉になり始める。

「ヨォ！山のものを食べて精をつけよう」

幼馴染みの連中の到来である。大きな市場籠には、独活・ハコベ・オオバコ・蕗・木の芽、そしてしらす干しまで、「自然の命」と「愛」がいっぱいに詰まっている。

夫婦とは　蕗の風味の　ほろ苦さ

小鉢の中身は、**蕗の葉**にちりめんじゃこを添えたものと、揚げそば粒を添えたもの。

「蕗の葉のホロ苦さが美味しいわ。この味はお酒が必要となるわね」

まず、蕗の葉を茹でる。茹でた蕗の葉は水に浸け、時々水を替えながら二時間程水に晒すと、アクが抜ける。アクが抜けたら、固く絞って水気をよく切り、細かく刻み切る。フライパンに胡麻油を入れ、蕗の葉が油に馴染むまで炒める。全体がしんなりしてくると、濃いめの甘汁を入れ、水気がなくなるまで煮る。蕗の葉の当座煮の完成である。

しらす干しは、胡油で揚げ焼きして、きつね色になったら蕗の菜にかける。

「蕗らしい苦みと、しらすの香りが……グーだね。お酒によく合うねぇ」

「胡麻油が絡んでいるからでしょうか？　味にコクがあって、落ちついているよ」

「**野草の天ぷら**を食べたいなぁー」

平皿にはおろした辛味大根が三カ所に盛られている。各々に、揚げそば粒を散りばめている。まず、独活の皮の搔き揚げ。

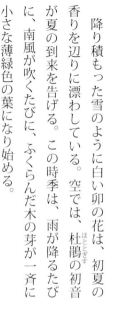

「独活の香りは野性的で、噛めば噛むほど口いっぱいに広がる」

「香りでぐい呑み一杯。歯ざわりで一杯」

次は、ハコベ、オオバコの登場。

「ハコベは歯切れがよくておいしいわ……」

「ハコベなんて、摘んでも摘んでも新しい芽を出し……主婦には、とても重宝な野菜だよ。しかも、お乳のよく出る野菜として、妊婦には欠かせないでしょ」

「オオバコだって、こんなに甘みがあっておいしいとは……」

「道端の草たちをもう一度見直さなくちゃぁ」

「うぉっ、温かいそばだ」

小ぶりな和鉢には、独活が入っている。山独活は皮を剝き、半割にする。フライパンに胡麻油を少し入れ、独活を焼く。辛汁を少しあてて仕上げる。**かけそばに独活**をのせ、黒胡椒（一～二粒）を割って散らす。そばは、御膳さらしなそば。大事なものを扱うように両手で和鉢を持ちあげ、鼻に近づけ、にたっと微笑む。

「胡椒の香りが……いいですねぇー」

「うわぁー、おいしい汁の味」

「山独活の歯触りと香りが男性的で……つい、嬉しくなっちゃう」

「胡椒と胡麻油の香りがよく調和して、汁にも独活にも溶けあっている」

「御膳さらしなの甘味が山独活の野趣な香りをよくひきたてて……都会的な一品ですね」

「では、田舎的なものを、そばのお煮しめ・**木の葉そば**です」

中鉢には、筍、独活、そばがき、そして千切りした生姜と深谷葱が添えられている。朝採りの小ぶりの筍と、二～三㎝の長さの皮を剝いだ独活を、フライパンで焦げ目がつくぐらい焼く。

そばがきは、香りの強い粗挽粉がよい。二～三㎝程の小判形に整え、木の葉の模様をつける。そばがきは、胡麻風味の油で揚げる。独活、筍、そばが

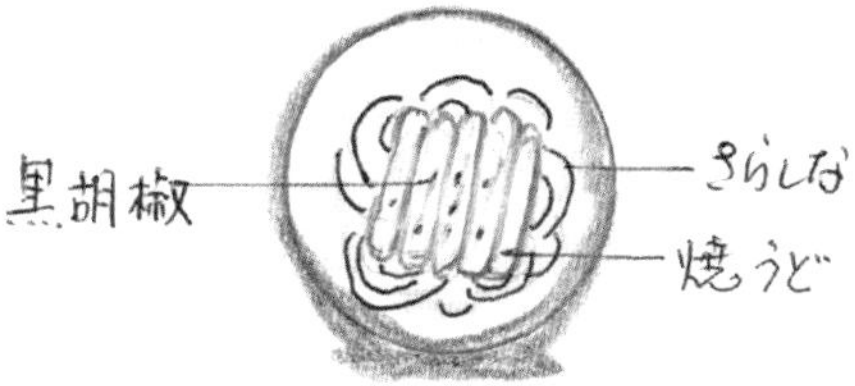

きを甘汁で少し煮て、小鉢に盛りつけ、刻んだ生姜と葱の青味を小口切りにして寄せる。

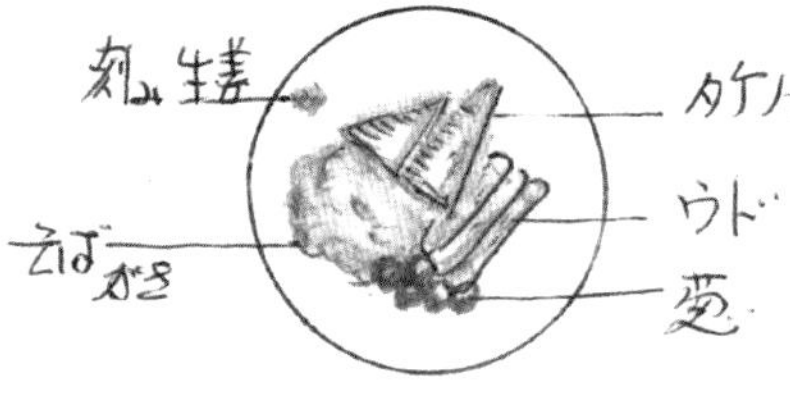

「香りと色彩的なバランスがよさそうね」

「胡麻の香りが浸潤してタケノコ、独活ともに食感以上にコクがあるね」

「独活をサクッと噛んだ後の口の中の心地よさ。筍のコリコリした食感。噛むと口に広がる土と木の香り。そしてその温もりが……我々の愛情みたいだぞ」

「そばがきのやわらかさと、コクのある味わい。それらを、生姜の香りがやさしく包み込んでいる。素適な一品ね」

止めのそばは二色そば。**木の芽切り**、そして御膳さらしなそば。

「洗練された美しさにうっとり」

一口するとほほがゆるむ。

「淡い緑が心を癒してくれる。香りがやさしく、ぜいたくな味わいだね」

木の芽は、四gを千切り、包丁で細かく切る。生粉打ちのさらしなそば（四五〇g）に打ち込んでいる。

「我らは、土や樹木《きぎ》と一緒に呼吸し、緑を見るだけで生き生きしてくる。こんな爽やかな色彩と、そばの美しさ、そして味わいに……心が落ち着いてくる。日本の心を感じる。大事な仕事なんだから、がんばれよ」

幼馴染み連中の激励の一声は心に残る。

一つの道は険しく遠い。そば屋になってよかった。

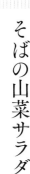

（平成二十三年五月）

そばの山菜サラダ

高原の凍土をひたす水のぬくみにほぐれて、水がとけ、土がとけ、そしてその養分を吸って、草々が芽ぶいてくる。木の芽、コゴミ、コシアブラ、わらびと……、それについた土をよく落とし、水洗いしていると、命の力強さと美しさを、さらに草芽の個性のあるあたたかさが伝わってくる。

九州では五月ともなれば若葉・青葉の色も濃くなり、山野が一面の新緑に彩られる。陽もまぶしくなり、夏の大地は生気に満ちて輝いている。その陽気につられてやって来たのは、

「こんにちは。少しずつ少しずつお腹も膨らんできましたよ。腹帯も終わり、もう七週目に入って、体の重心が前へと傾いていくようです。ところで、今年の東北の山菜の出来は？　楽しみだわ」

お腹を両手でもちあげるように、ゆったりと席につく。

前菜の小鉢が並んでいる。まずは、**うるいの梅和え**。

うるいは、さっと茹でて小鉢に盛りつける。包丁で細かく叩いた梅肉に辛汁を少し入れて味を整えて、うるいの上に盛る。さらに、炒ったそば粒を添えている。

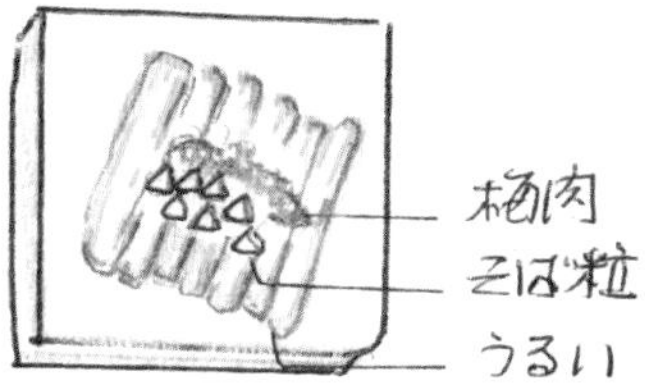

「和やかで清新な色彩ですね」

「うるいのサクサクした食感と梅肉の爽やかさが、とてもバランスのいい食べ合わせになっていますね。そば粒の香りと味わいにも感動しちゃうね」

次は、**わらびの梅海苔和え**。

重曹を入れて茹でたわらびは冷水へ。そして、甘汁の中へ浸す。小鉢にわらびを盛りつけて、梅肉と海苔を散らす。梅肉は、辛汁と酢を入れて味を整え、わらびと和える。その上に、焼き海苔を千切ってのせ、さらに揚げたそば粒を添える。

「東北産のわらびって、苦みと香りに深い味わいがあり、さらに弾力感、そして重力感もあって……山菜を食べていると実感する」

「海苔と梅の香りが、わらびの香りを一層引き立て、おいしい、おいしい。昔だったら、酒やタバコに手が出るところだけど……。

「片口にそば湯を入れてください。酒のつもりで、ぐい呑みに入れて飲んで、ガマン、ガマン」

「酒・タバコは、血管を収縮して、ビタミン[12]の代謝がわるくなって、組織の酸素を減らすというから、飲むのをやめちゃったの。大事な子孫の誕生と、

成長という夢があるんですもの。だから、一つ一つを大事に食べて、食べまくるわ」

三つ目の小鉢は、**蕎麦の緑和え**。

まずは、水を絞った豆腐を裏漉し、すり鉢に入れる。そこへ、おろした山葵とほうれん草を加える。辛汁を少し加え、味を調整して、茹でたそばと和える。さらに、炒ったケシの実を添える。ほうれん草は茹でて、包丁で細かく切ったもの。そばは、御膳さらしなを使っている。

「ほうれん草の緑がきれいだねぇー。『新緑へ風は光りて優しかり』と、いう色彩だよ。全体に、素材の甘みが際だっているし、バランスもよくて……おいしいわ。さらしなそばの甘みと、爽やかな歯切れは、何の料理にも調和するのですね。私もよい妻として、母としてバランスのよい家庭の縁の下の力持ちにならなくっちゃ」

「山葵の香りと淡い豆腐の甘みが溶けあって、品のよい食べ物ですね。ケシの実が、口の中で楽しそうに踊っている感じで、心が浮き浮きしちゃうわ」

次は、「わぁー、可愛いいガラスの器に、春サラダですかぁー」。

ガラス鉢には、皮をむいて短冊形に切った独活、コゴミ、コシアブラ、さらにサニーレタス、紫たまねぎ、そしてそばもやしが盛り合わされている。青みがかった山独活は五㎝程に、レタスも五㎝ぐらいに千切っている。縦に薄切りした紫たまねぎや、独活、レタスは水につけ、よく水切りしてパリッとさせておく。コゴミ、コシアブラは、サッと茹でて甘汁の中へ。これらを盛り合わせて、さらしなそばの上に盛りつける。

最後に、鳥のささ身をフライパンで焼き、柚子胡椒を塗って千切りながら添え、ドレッシングをかける。ドレッシングは、辛汁に胡麻油、酢でつくったもの。

「今日の陽射しのように、生き生きして輝いてまぶしい、そんな**そばサラダ**ですね」

「爽やかで心地よい味わいですよ。コシアブラの大地の香りが、山独活の苦み、そしてコゴミの歯ごたえと……みんな、辛汁ドレッシングでまとまっている。春の演奏会だね」

「さらしなそばの淡い甘みが、春の野草・山菜たちの個性を引き出し、味わいを伸ばしている。ささ身の、柚子胡椒の香りが絶品、絶品」

止めに、**二八そば**のもりを。

そして、甘味として**そばぜんざい**を平らげ、

「今日は、たんぱく質、ビタミン、炭水化物などバランスよく食べちゃった。母子共に大きくなって、明日を楽しく生きましょう」

一つの道は険しくて遠い。そば屋になってよかった。

（平成二十四年六月）

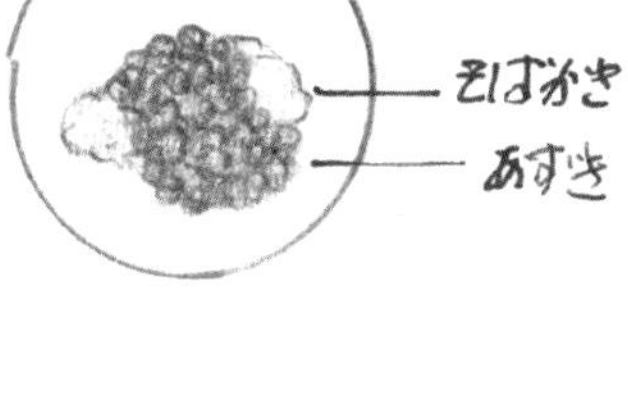

旧暦五月・蚕《かいこ》起《おきて》食桑《くわをはむ》

夏の大地に生気が満ち、緑が輝く。季節は爽やかな初夏へ。禅寺の庭先も、万緑に包まれ快い風が薫っている。

早朝六時三十分。座禅堂にて、バシッ。警策が右肩に打ちおろされる。聖僧さまからの励ましに合掌低頭して「ありがとうございます」。

この一瞬に、そばに対する「心」がまとまった。

「そばは、単に腹をふとらせるための料理ではない。お客様（人）と、互いに心と心を温め楽しむためのもの。日本生来の醤油、味噌、大豆等を基本とした伝統文化の道を学ぼう」

地の愛は　裏切りはない　野草萌ゆ

小付には、**紫蘇味噌**が盛られている。ひと箸なめてみる。

「紫蘇の香りが優しいわ。日本酒にも、ワインにも合いそうよ」

赤味噌（一kg）に、三年味醂（四〇cc）、砂糖（二九〇g）、そして濃いめの甘汁（三六〇cc）を入れて、一時間程中火で練ったもの。青紫蘇は自然栽培物で、細かく刻んで味噌と混ぜている。

「紫蘇の香りが爽やかでとても優しいよ。味噌とのバランスもよくて、と

ても上品な味わいだわ」

「茹でた山菜や、御飯につけて食べてもおいしそう」

向付けの小鉢の中に、**そば豆腐**が入っている。その豆腐にも、味醂で溶いた味噌を添えている。さらに、湯葉とそば粒も寄せている。

粗挽きそば粉（四〇g）に本葛粉（二〇g）を篩にかける。そこへ水（三五〇cc）を徐々に入れながら混ぜていく。水と粉がなじんでくると中火で十二分程練って流し函に入れる。氷の上に流し函を置いてゆっくり余熱を取る。

「少し余熱が残っているせいかなぁー。柔らかくて……そばの甘みと香りが、口の中で穏やかに漂い、すっごくおいしい」

「湯葉も柔らかく、とろけそう。味噌に付けると一層上品な甘さになるわ」

味噌を湯葉に付けて一献。味噌を豆腐に付けて一献。

「蕎麦のやさしい甘みが、より味わい深くなるよ」

そして、味噌が付いた箸をなめながら一献。

「この至福の一時《ひととき》よ。急いで食べるともったいないなぁー」

「今日の料理は、織部焼きを使ってますね」

「織部は、焼きも姿形《すがた》も優しくて、そして食べ物を上手に受け入れてくれますから」

長角皿には、**そばずし**が清々しく盛られている。納豆巻きと磯巻きである。納豆巻きは、紫蘇の葉でそば米を包み、納豆をのせたもの。そば米は白米と同割にして炊き、甘酢を絡めている。

つけ汁につけて口へ、「口の中は、紫蘇のやさしい香りが心地よい。その中で、納豆が楽しんでいるような……とてもゆかいな口の中って感じよ」。

磯巻きは、甘酢を絡めた御膳さらしなそばに、大葉、胡麻、そして梅肉を芯にして巻いたもの。

「パリッとした海苔の歯切れと香りがすばらしい。海苔と梅紫蘇の香りの調和が日本的だね」

「口の中は、清々しく爽やかで、まさに五月だよ」

止めの蒸籠は、**紫蘇切り**と御膳さらしなの二色もり。

さらしなの生粉打ち（四五〇g）に、紫蘇の葉（五g）を入れて打ったもの。自然栽培の紫蘇は、細かく切っている。

まずは、あつもりを。

「えっ、こんなに甘いんだ」

口の中に、御膳そばの甘みが広がる。

次に、紫蘇の香りが追いかけるように、

「ゆっくり上品に、まるで口の中は、雅やかな世界になっているようだ」

そして、水洗いした二色もり。

「舌ざわりのよい、すっきりした清々しいそばだなぁー。いくらでも食べられるよ」


僧は、栄養不足からの欲求で、大豆から豆腐、湯葉や黄粉を開発した。

そば屋は、そば粉、そば粒、そば切り、そして汁を使って料理を展開する。味噌、醤油、大豆、梅干、野菜が基本である。派手さのない食べ物も、その素材（生命）のもつ香り、甘み、そして苦みがある。

口の中で、しっかり嚙んで香り、甘みを嚙みしめると、唾液と混じって旨味がでる。さらに、こなれた唾液と混じっているから、胃腸も労せずに、食べ物は血となり肉となる。

そば屋は、自然界を営む人と物との生命のふれあいを演出する。楽しい長命食の場。

一つの道は険しく遠い。そば屋になってよかった。


（平成二十三年六月）

芒種

六月六日～二十日頃

梅干し

八百屋の店先に青梅を見かけると、夏の訪れを感じる。

紫蘇の葉が　とりもって遣る　梅の色

梅雨の日々は、じめついてうっとうしく、気持ちまでも重くなる。しかし天地はしみじみと落ちついた気配に満ちる。

「やあ、こんにちは。梅の季節が来ましたね」

家庭菜園と料理を、そして詩歌を楽しんでいるご隠居さんのご来店である。

「塀内から、道へこぼれるように梅の果が実っていると、私は心がおどるのです」

そして部屋で、書物を読んでいるより、「旬にたわむれて時を過ごすほうが好きですね」。

人は、手でつくることにおいてはじめて、自然の土と共にある。

「今日は一年ものの梅を持ってきましたが……？」

その梅は、光沢のある紅色をして、見ているだけで「生唾が出そうです」。

「昨年の梅は、梅雨の雨にあたり、さらに土用に晴れた日が続き、果もたっぷり干せました。夜露にも充分あてることができ、日にも焼け……」

一口してみると、「やわらかい。楽しくなる甘酸っぱさですね」。

漬け梅の　香を楽しみて　厨ごと

梅肉を包丁でしごき、山葵は梅肉の半分程度にして、指先でしっかりもむように和える。小皿にとり、炒ったそば粒を一つ添える。

「微かな山葵の香りが残り、梅肉の甘さを引き立て……梅の酸っぱさもやさしくしている。僕は好きだなぁー」

「この**梅わさ**って、お酒をすすめますねぇー」

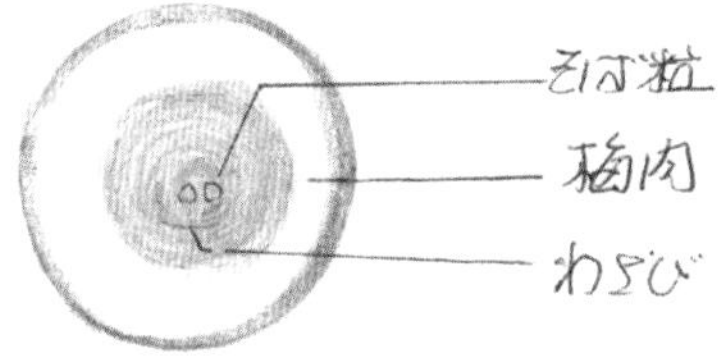

新豆の　豆腐が寺の　初鰹

中鉢に御膳そばを入れ、その上に若布を敷き、**豆腐**をおく。さらに豆腐の上に梅干、そしてそばもやしを添える。そばの白さに若布の緑、そして梅の紅。色彩的にも美しく食欲をそそる。

「食べて壊したくないですねぇー」

「梅をつぶして豆腐にそばにまぶして食べてもよし、辛汁をかけて食べてもよいですよ」

「硬い豆腐がいいねぇ。御膳そばの切れ味と甘さが上品で、豆腐と梅の甘さを引き立てている。お見事だよ！」

「仕上げは？」

御膳さらしなそばのかけに、たっぷりの辛味大根をのせ、その上に梅干を一つ添える。

「おっ！御膳そばの白地に梅の赤。まさに日の丸。がんばれ日本だね」

「温かいそばにすると、大根と梅の風味が一段と活かされるのだね。汁もやさしい味になって……うまいよ。……まいったね！」

「さて、七月に入れば、畑の赤紫蘇を摘み、塩もみをする。黒紫色の汁が出て指先を染めるんだよ。その指先を見ていると、自然と一体になったような気がして……」

梅は、体内の物質代謝をよくし、血液をアルカリにして血行をよくする。肌ばかりでなく気持ちもきれいになり、穏やかな心になるという。

「とても満足したよ」

そば屋の仕事は「木鉢と土たんぽ」。旨い蕎麦と旨い汁。

そば屋の仕事は楽しい。


（平成二十年六月）

紫蘇切り

カウンター越しにひろがるそば会話。さてさて今日はどなたのおこしか。

六月の　雨も真珠に　見えたころ

人が持つ傘の具合で、「もう、そろそろ梅雨入りかぁ」とぼんやりしていると、専門誌を片手に、少し照れたような笑みを浮かべて先輩が店に現れた。

梅漬けて　今年の迷い　一つ消え

まずはビールをすすめながら……。梅肉を細かく叩き裏漉しをする。その中へ、サメ皮で円を描くようにおろした山葵を入れ、手でもむように和える。茹でてみじんに切った山葵の葉と、炒ったそば粒をあしらって、

「先輩、手料理です。うまそうでしょう。**山葵梅**です」

「梅かぁ、元旦に早起きして手や顔を洗って口をすすぎ、井戸水を汲んで湯を沸かし、衣服を改めてから湯飲みに梅干しを入れ飲んだものだ。それから、炬燵に入って祝いそばでも食べるわけだ。梅は一切の毒を解く、つまり、一年疫邪を追い払う縁起ものなんだぞ！」

ビールを片手に先輩の話はますます高まっていく。

山葵梅をひと口、箸をつけるや、

「おっ、山葵の香りもいいが、こんなに梅の酸味と合うとはなぁー」

「梅で口の中が清々しくなっているのか？　そば粒の香ばしさが……すっごく、新鮮なんだよなぁー」

「先輩、梅雨の重苦しさをふきとばす清涼剤になりますかねぇー」

紫蘇をもむ　瞼の裏に　母がいる

「さて、そばを食べるとするか。薄い緑色の下地に浮く斑点は何だね」

「紫蘇の葉です。一人前につき六～七枚必要なんですよ」

紫蘇の葉を刻んで、御膳粉にもみ込んで細く打ち上げる。もちろんそば粉

十割の**湯練り**である。

「紫蘇の葉には、ビタミン、カルシウムが多く、血行をよくして肌も気持ちもきれいにして穏やかにする。疲労回復にいいからおまえも食えよ」

「ところで、**紫蘇切り**の味は？」

「そばの顔をみれば食べなくてもわかる。いい顔をしている」

「それにしても、歯切れがいいなぁー、紫蘇の香りもそばに勝ってなくていい感じだ」

「先輩！　日本生来の食＝そばに汗をかきながら、人に、自然に、感謝する心を育てたいと思います」

「よし、自信が強すぎると独断が多い。自分に謙虚でありながら、勇気と行動力を持って一心に打ち込みなさい」

笑顔の中の会話でありながら、その言葉に厳しさと、やさしさを感じさせられる。

「先輩、いつまでも健やかに」


（平成十六年六月）

おろしそば

「お客さん、何か悲しいことでも？　涙なんか出したりして……」

「いやハァー、このハァ。大根のハァー、辛いハァー、ことハァー、辛いがハァー、辛い（うまい）！」

太打ちの田舎そばを、辛めの大根おろしにたっぷりつけてすすり込む。頭のてっぺんまでつき抜けるほどの刺激。まさに感涙の一時である。

「そば切りと木曽路の旅は山と坂　とかくからみで上るのがよし」（蜀山人）

信州の上田の北方に、真田昌幸・幸村親子の世界が広がる。この真田の地に、電球に尻尾を付けたような

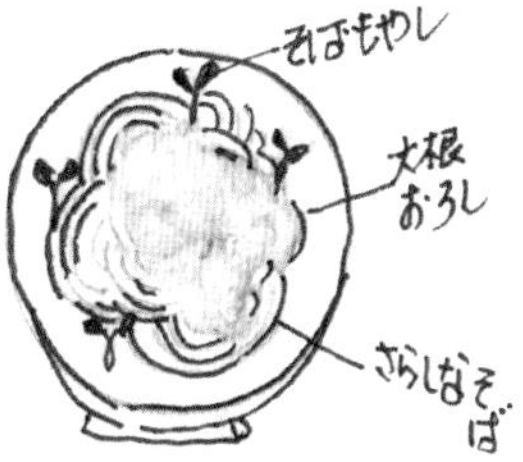

鼠大根がある。北風を目いっぱい受けて、いためつけられて育ったからだろう。恐ろしく辛いのである。しかも小柄なくせにガリガリして固い。そのために、おろし金でおろすのも一苦労で汗だく。食べるのも辛くて汗だく。

この辛汁に、醬油や焼き味噌を、好みに溶いて味付けして、太打ちのそばを喰う。まさに野趣な戦国時代の様相である。

この鼠大根のしぼり汁は、「カラッユ・鬼汁（鬼もその辛さに吃驚して涙したという）」と呼ばれ辛い。だが、不思議なもので口の内は、高原の爽やかさである。

この鬼汁に辛汁をたっぷり入れ、そばに絡める。もちろんそばは、粗く挽いた蕎麦粉十割の太打ち。鬼汁の辛みに引き出された、そばの甘みが口いっぱいに広がり、頭へ突き抜ける。腰の強い歯ごたえのある太打ち田舎そばが、鬼汁に誘われて舌ざわりのよい嚙みごたえになる。応えられない爽やかな辛さと甘み、そして舌ざわり。

「ウーン、うまい」

まさに〝喰っている〟という実感である。

そばがきへ　おろしを交《まじ》わる　軽井沢

粗く挽いたそば粉を、お湯で力いっぱい掻きあげたそばがき。香り、甘み、風味の塊。鬼汁に醬油を入れ、たっぷりつけて食べる。ツーンと辛味が頭の芯まで舞い上がってくる。それ以上に、なんとも底しれぬ甘みが口いっぱいに溢れる。この辛みと、甘みのバランス。

ひと箸ひと箸、嚙みしめ、終わりゆく冬を語りながら。おもむろに〆張鶴本醸を手にして……。やっぱり蕎麦屋になってよかった。

（平成十八年六月）

縁結びそば

丸綿を　かぶせながらも　いい含め

「いいかい、お前、旦那さまがどんなことをしても、怒ったり泣いたりしちゃだめだよ」

三・三・九度の盃もすみ、披露宴も滞りなく終わっていよいよお床入り。

思えば、二人の出会いは麦畑であった。囲炉裏の灰の中へ、粗朶《そだ》の先で「麦畑で逢おう」と書かれ、誘い出されて打ち明けられ、あれからもう一年。

♪嫁をおとりなりゃ　祖谷《いや》の娘をおとり
　臼が上手で　よい粉（子）ができる♪

細く、永くご縁が続くように、また、あなたのおそばで末永く、という縁起からだろう。仲人が付き添って、嫁方から婿方へ「挽き出し粉」の白い（清い）そば粉が献上される。「私を、どんな色にも染めてください」と。これが縁結びそば。

そばぎりを　蓬莱山につみかさね
初めつるつる　末はかめかめ

祝儀の席では、島台にそばをのせ、その上に山海の旬、そして海苔をあしらう。

「……つるつるかめかめ、末永くお上がりください」

葱は禰宜に通じるから、これまた「清め」で結構、結構！

そば振る舞いはまだ続く。イリコのだし汁にそば米を入れ、豆腐・大根、そして葱を加えた**吸い物**。そばがきを木の葉状にして油で揚げ、油ぬきしたものと、里芋・椎茸の煮〆。

そして思い出の囲炉裏端には木の実が入った**そばがき**が串刺しにされている。醤油で付け焼きされ、なんとも香ばしい。

婿の盃がすむと、花嫁は別室でお色直し。これから先は、親戚同士の酒宴が中心。島台には、清めの御膳そばの白さが眼にしみる。

たっぷりの大根汁に、そばをからませて、

「スルスルスルー旨い！」

♪目出度いものは　蕎麦の種ェ　ずい伸びてェ　花咲きてョ
　みかど求める　ナーンヨェー♪

（平成十七年六月）

向暑の膳

森の土に雨がしみこむ様了に、私たちは命の源を感じる。一枚一枚の葉や花が雨を吸い、輝き、艶を増す。まさに、青春のさなかの緑の光である。

ここは、茨城県玉造町の有機農場・サハジファームである。台所の流し台に竹籠が置いてある。蚕豆・アスパラ・土生姜・隠豆《いんげん》、そしてゴボウアザミも入っている。

新生姜　今年の色に　染めあげる

有機の根生姜は皮をむく。細かいおろし金でおろし、布で漉し、しぼり汁（四〇cc程度）をつくる。御膳粉（四〇〇g）を湯練り（湯は二八〇cc。その内の四〇ccが生姜しぼり汁）して打ちあげる。これが、変わりそば**生姜切り**。生姜の香りと甘みでコクのある、おいしいそば。梅雨時には、まさに清く爽やか、汁は少し薄めにして香りを引き立てている。

「我が家の泥娘（生姜）が、都会の嫁になったような……洗練された清々しさだよ」

ゴボウアザミの茎は、山蕗と同じように、丁寧にスジをとる。長く放置すると、酸化して黒くなりやすいからすばやく茹でる。それを、甘汁に少し長めに浸けると味がしみ込み、深く落ちついた味わいになる。

御膳そばを小鉢に入れ、おろした辛味大根とアザミを添えて辛汁をかける。

「**薊そば**の出来上がりです」

「スジばってなく、シャキシャキして食べごたえがあるんだ」

「コクがあり、存在感のあるおもしろい食べものだね」

「次は**アスパラの田楽**をしますよ」

熱したフライパンに胡麻油を少し入れ、焦げ目が少しつく程度にアスパラを焼く。付出皿に、二本のアスパラを並べ置く。味醂でやわらかめに溶いたそば味噌を、二本のアスパラの境目にのせる。

「炒ったそば粒を多めにのせると、酒の肴には最適である」

サクッとした、アスパラの歯ごたえ。噛むと香りが広がるそば粒。味噌の甘みとアスパラの香り。

古来、食べ物と味噌の関わりは古い。豆腐、なす、コンニャク、鮎、そしてそばなど。

「味噌と野菜が夫婦のように溶けあい、助け合って新しい個性を演出しているようだよ」

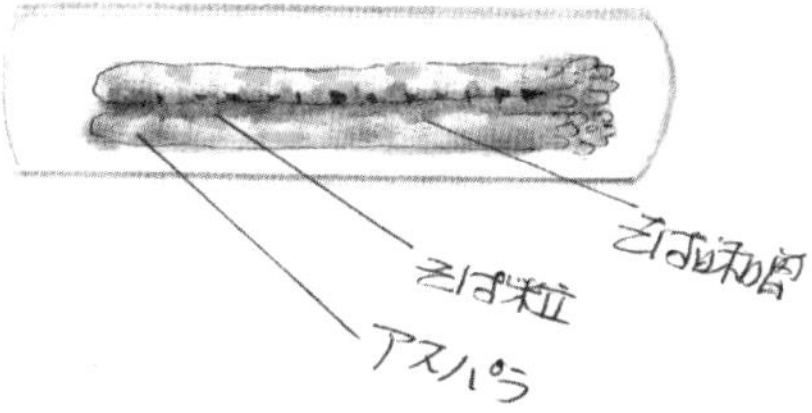

鶏の　涙のかかる　俎板

フライパンには、玉締め絞りの胡麻油を一、二滴。

「ジュー、ジュー」

一口大の鶏肉と、**隠元**がフライパンの中で踊っている。少し焦げ目がついたところで、本がえしを一塗りしてもう一度焼く。大きめの和鉢に盛りつけ本がえしを少しかける。

「艶があって、おいしそう」

田舎のファームにとって、鶏は家族の一員であり、貴重なタンパク源でもある。同じ土の上で生きて、互いに助け合っている。

鶏の首を持って最後の眼を交わす時、「今までの労に感謝し、慈しみの目で話しかける。すると、鶏は安らかに眼をとじる」という。

人と鶏、共に生きてきた仲間の慈愛の交換なのか、

ありがとう　涙をこらえ　毛をむしる

「うまーい。肉が軟らかく、そして甘い」

「隠元だって香りがあって軟らかい」

「からだの一つ一つの細胞が、すべて光り輝くようだよ」

野菜、鶏と、自然界の生き物の命を、おいしく頂いたことに感謝しながら……。

雑炊で　鍋の余韻　しめくくる

そば粒は、水から茹でる。沸騰させると、そば粒の三つの角が崩れてしまう。七、八回程度、水から茹でると仕上がる。

フライパンには、少量の胡麻油と、隠元、鶏肉、生椎茸、そして牛蒡が。これを炒めたものと、茹でたそば粒を、汁の中に入れる。葛粉を少し入れてとろ味をつける。汁は、そば湯に甘汁を入れて味を調整したもの。鶏と野菜を炒めているから、香りとコクのある汁に仕上がって、

「旨いよ！　幸せを包み込む味だね。気持ちの良い状態になるよ」

「汁のとろみがなんとも旨いね」

「牛蒡の風味がいい」

「鶏肉が軟らかくておいしい」

会話が弾んでいく。

心からの笑みが術を生む。ゆっくり生きよう、そば屋の仕事は楽しい。

（平成二十二年七月）

夏至

六月二十一日～七月六日頃

そばもやし

雨の一粒一粒を受けながら、白い花を咲かせる木々たちが、艶やかに、甘い香りを放っている。

紫陽花の　雨の滴は　虹の詩

「やあー、今日は蒸し暑いね。まず、ビールを頂こうか」

白髪まじりの口ひげをたくわえた、飾り気のないジーンズ姿の紳士の来店である。人なつっこい大きな目に天性の好奇心を輝かせながら、

「おっ、これは何だね」

「**そばもやしのからし和え**です」

酢と甘汁で味を調整してからしを少し加えた汁に、トコロテンを入れ、その上にそばもやしをたっぷりあしらっている。

「さっぱりした味付けだ。そばもやしの爽やかな香りと歯切れがよく合っていてうまいよ」

「奥ゆかしい風味のそばもやしと、トコロテンのようなまったく異なった素材と組み合わせるのも意表をついておもしろいね。なかなかおいしい一品だよ」

「そばもやしを打ち込んだそばを食べてみませんか」

とすすめると、目を細めながら、

「花が咲く前の若い茎葉を採って茹で、浸し物や和え物にするのも風味があっていいもんだけど……若葉を摘んでそばに打ち込んだのだね」

「おっ、これはおいしそうだ。淡い緑が上品で食欲をそそるよ」

スルスルスルー。

「うまいよ。歯切れがいいね。そばもやしのおかげかな？　夏場のそばにしては、香りがよみがえっている感じだ。薄めの汁もそばの香りを引き立てているようだ。うまいよ。梅雨の不快さもふっとんじゃいそうだよ。もう少し何か欲しいんだけど……」

「**そばとろ**はいかがですか」

炊いたそば米を流水で洗ってから、それを薄めの甘汁に漬け込む。小鉢にそば米を入れ、甘汁で味付けした山芋をかけ、すりおろした柚子を散らしている。

「これはおもしろい。そば米は古くから粟、ひえと混食したり、糅飯《かてめし》の具として食されていたんだよ。信州や祖谷などの山間部の主食で、特産でもあるんだが……」

「おっ、そば米のやさしい甘みが口の中でふぁっと広がり、それを山芋がほどよく包み込んで、なんともうまいよ」

「それに、二箸、三箸で食べられるところがいいなぁ……とろろはきめ細かくてうまいが、すり鉢でおろしたのだね」

食材を求めて世界中を歩きまわる行動力。それに豊富な知識と探求心ゆえなのか、厳しい批評の中にもやさしい導きを感じる。

仕上げのそば湯を飲みながら、

「**そばもやし切り**はうまかったな。変わりそばは邪道というが、そば粉が一歩退いて他の風味を引き立てるという意味では、そば粉自身の奥ゆかしさを感じる。そばをきらう人にも興味を持たせる可能性もあるわけだから、色々やってみるのもいいね」

「今日はいい気分転換ができたよ。まんぞく、まんぞく、またなぁー」

（平成十九年六月）

旧暦六月・腐草《くされたるくさ》為蛍《ほたるとなる》

梅雨は稲を育て、森を育てる。樹木の一枚一枚の葉の緑は、雨を吸い、たくさんの栄養をとって、艶々としている。ちょうど、青春のさなかのようだ。この雨を待って、田植えが始まる。

♪さみだれの　そそぐ山田に　早乙女が　裳裾《もすそ》ぬらして
　玉苗植うる　夏は来ぬ♪

娘は、舞衣をつけ「早乙女」になって踊っている。緋《あか》い襷《たすき》をつけ、頭には花菖蒲を飾った銀扇を緋い紐で結び、「田道人《たちど》」の息子と、仲良く並び苗を植えている。

「お疲れさま。一息入れましょうよ」

縁側では、近所の人も加わり大いに賑わう。

そこへ、お酒やそば料理が運ばれてきた。

まず、片口小鉢。**大和芋、赤みず、そば粒の梅肉添え**である。

山芋は、皮をむき、二cm程の長さに短冊に切り甘汁に少し浸けて、軽い味わいと白さが保たれ、梅肉が添えられて清々しい。

赤みずは、茹でて甘汁に浸け、山芋と同じ長さに切って側に並べる。

茹でたそば粒も甘汁に浸し薄味にして、赤みずに添えている。片口小鉢の中は、白い山芋の上に緋い梅肉。そして赤みずの緑と、とても色彩的にバランスが良くて、清涼感を漂わせる。

「夏祭りの一品だね」

「山芋のサクサクとした歯ごたえと粘り、その香りが……」

「赤みずの粘りのある歯ざわりと、淡い甘みと香りは、まさに東北人の粘り腰とやさしい人間性だね」

梅肉を山芋に、そして赤みずにつけて食べると、

「梅の酸味が口に広がり……恋しいような、清々しさでいっぱい」

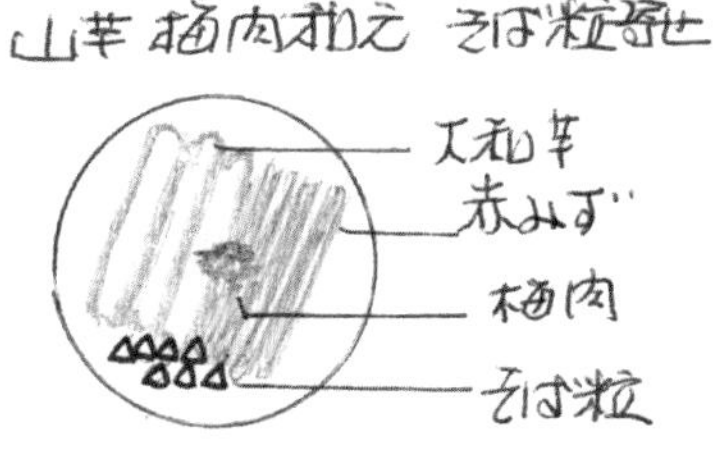

そば粒を梅肉につけると、

「梅肉が、そば粒の甘みで爽やかになるなんて……。そば粒の淡い甘みは、他の良材の苦み・酸味を中和して、清々しい味わいにかえてしまうのですね」

浅鉢には、**茄子**が並んでいる。茄子は、厚さ一㎝程の斜め切り。茄子を、薄めの食塩水に二十～三十分浸けてアクを抜く。それを、よく拭いて、フライパンにたっぷりの胡麻油を入れて、少し焦げ目がつく程度に焼く。一つにはかえしを塗って、一つには辛汁を塗って焼く。仕上げに、味醂で溶いたそば味噌を茄子の上に添える。

「茄子と胡麻油の風味とそば味噌が、口の中で心地よく踊っている」

「そば味噌の甘みと、かえしの甘み。さらに、辛汁味の茄子と味噌の甘み。バランスがよく、うれしくなる味わいだよ」

そして、口の中ではじける炒ったそば粒が、

「なんとも香ばしくて、楽しいねぇー」

「茄子って、煮てよし、焼いてよし、揚げてよし。こんな重宝この上ない野菜は、他にはないだろうよ。特に、味噌と油は最良の友なんだろうね」

「いよいよそばですね。この香りは？……赤紫蘇？」

ゆかり切りとさらしなの二色もりの登場である。御膳さらしなそばの生粉打ち（五〇〇g）に、細かく刻んだ赤紫蘇（七g）を入れている。

「赤紫蘇は、梅と共に漬けたものを、二回程塩抜きして、手でよくしぼり、包丁で細かく切って、すり鉢でよくあたっています」

「青紫蘇切りの緑は鮮やかで眼でも楽しめるのに、赤紫蘇切りは暗い紫。佳麗な色彩ではない。しかし、食べてみると、赤紫蘇の上品な香りとコクを感じる」

「食感・食後がスッキリして楽しい」

子どもたちは、柏の葉で包んだにぎり飯を手づかみして口に入れる。

午後は、踊り込みをしながら神社で仕上げの舞へ「いってきまーす」。

縁側は宴たけなわ。

スルスルスルー。

「さらしなの淡い甘みと軽さは、赤紫蘇切りを、より一層に風味のある味わ

いにするのですね。そばって、本当に旨い食べ物だねえー」
一つの道は険しく遠い。そば屋になってよかった。

（平成二十三年七月）

そばずし

梅雨明け間近な七月半ば。朝から久しぶりの日本晴れ。

リュックに登山ズボンの出で立ちで、腰をゆったりと左右に動かしながら勇健なご婦人の来店である。いつもの席に着くと、

「朝早くからの山歩きで疲れちゃったの。何かくださいな……」

「そばは血のめぐりをよくし、五臓の疲れをとるでしょう。それに、好物の抹茶をからませた温かいお吸い物はいかがですか。**茶がき椀**です」

両手でゆったりと器を持ち、目を閉じ鼻を寄せて、

「なるほど、なるほど…ウン、ウン……」

この表現こそ、この奥様にとっての「まんぞく、まんぞく」なのである。

椀には、そばの芯粉に抹茶を入れて、そばがき（茶がき）した汁の実と、そばもやし、そして茗荷の子を刻んで入れてある。

「なるほど、茗荷の淡い香りと抹茶の甘みが、ウンウン。何だか心が安らぎ、ほっとするわ」

「心憎いのは、そばもやしの茎のうす紅色、さっすがぁ。さて、次の出しものは何でしょうかね」

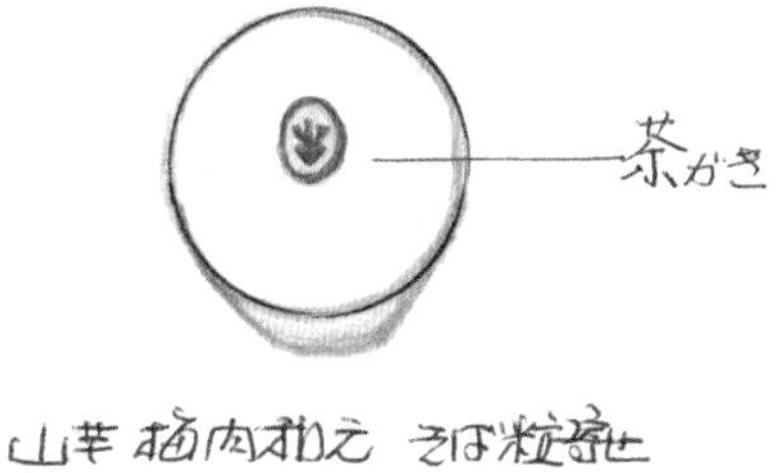

そばずしの　切り口さびし　寒灯火

茹でて水切りしたそばに甘酢をかけ、よくほぐす。そばはもちろん、そばの芯粉十割を湯練りで打ち上げた御膳さらしなそばである。サクサクとした

歯切れがたまらない。芯には梅肉・紫蘇の葉・胡麻。それを黒紫の光沢の強い浅草海苔に巻いて、**そばの磯巻き**です。

「海苔の艶、そして香り、いいですねー、それに切り口が正方形でとってもきれい。なるほど、なるほど……」と心得顔。そばずしの切り口を見るとは、さすがに食に対し豊かな経験と眼を持っておられる奥様だ。

徐々に口に入れると、「歯切れのいいそばと、海苔のふれあいからでしょうか？　さっぱりした感じが……たまらないねぇー」。

「**そばの軍艦巻、雲丹添え**です」

「わぁー、おいしそう」

「雲丹のまろやかな甘みでとろけちゃいそう。何だかうれしくなっちゃう……なるほどねぇー」

まんぞくしながら食はすすんでいく。

人は、生得《しょうとく》の短所はなかなか直せぬもの。短所を改めんがために大苦しみするよりも、短所に大あぐらをかいて長所を伸ばす。のんきな料簡《りょうけん》をもっている女ほど、いったんそう決めると大胆という。

「なるほど……ウン、ウン」

ふところの広い奥様だ。

「奥様、いつまでも健やかに」

（平成十六年七月）

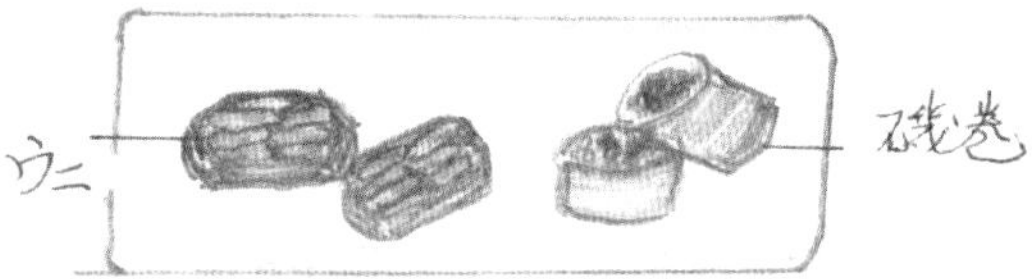

小暑

七月七日〜二十二日頃

天ぷらそば

夜来の雨を吸って、早咲きの朝顔が花をいっぱいに開かせている。ひとときの晴れ間が露を光らせる。熱気もわいている。梅雨明けはもうそこまでだ。

朝顔の　蔓の心も　空を向き

冷房のきいた店内に足を踏み入れると、

「オー天国、天国。外は蒸し暑いぞ」

「天だねでビールを飲むか」

竹笊の上には隠元、茗荷、枝豆、とうもろこし等の夏野菜の精進揚げが並ぶ。一杯のビールで落ちついたところで、

「おっ、うまい、海苔の香りに包まれて、ふぁーとやわらかいものは何だ。口の中でとけるようだが……」

「**山芋の天ぷら**です。紫蘇の葉や海苔に包んで揚げるのも粋ですね」

身近な旬の素材を、「焼く、揚げる、そして和える」ことが蕎麦屋の基本である。

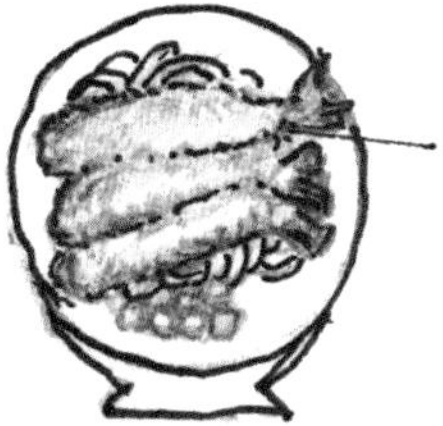

オクラのぬめり　親子の絆かも

塩もみしたオクラを、サッと茹でて冷水に晒す。煮切った酒に辛汁で味付けした中へ、包丁で細かく叩いたオクラを入れ、手でしっかりもみ込むと、ネバネバオクラの出来上がり。辛味大根にオクラをのせ甘汁で味付けしたそ

ば粒を添えて、

「口直しの**そば粒のオクラ和え**です」

淡い緑のそば粒と、濃い緑のオクラが溶け合い、

「おっ、まさに雨上がりの虹のような清涼感！　おまえ、やるなぁー」と、笑みをこぼす。

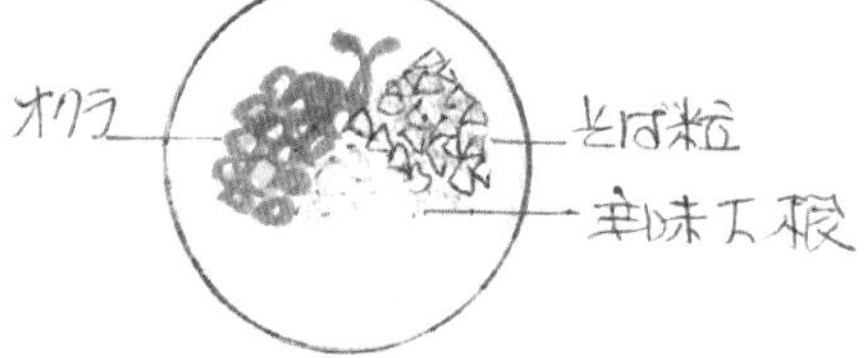

引き立って　見れば芝海老　長いもの

「今日は**芝海老**があります。昔なつかしい**つまみ揚げ**で仕上げましょう」

海老の尾を指の間にはさみ込み、筏《いかだ》のように並べて揚げたもの。東京湾の芝海老が豊富な頃は、天ぷらそばといえば芝海老の掻き揚げだった。それが、少なくなってくるにつれ、車海老の棒揚げが主役の座についてくる。

「江戸風味の天ぷらそばの出来上がりです」

「天ぷらの衣に汁をしみこませると、うまいからなぁー」

「おい、酒をくれ」

一本の海老を、熱そうにじっくり味わいながら、

「おい、うまいぞ」

言い伝えや経験を信条にして、今の自分を見つめることは、新しい何かを求めている姿である。そんな生き方を頑固に持ち続けている人こそ、やさしさと強さを持っているものだ。そんな本音を、ぶっきらぼうな表現で照れをかくすように、「おい、いけるぞ」。

「池波正太郎の世界」に憧れ、そば味噌で酒を飲みはじめて早や三年。胃を切っていることも忘れ、江戸前の天ぷらに舌鼓を打ちながら、最後の一滴を飲み干し、「まんぞく、まんぞく」。


（平成十九年七月）

オクラ納豆そば

オクラのぬめり　親子の絆かも

オクラは塩でもみ、さっと茹でて冷水に晒す。これを包丁で細かく叩いてネバリをよく出しておく。

トントンと包丁の音を聞きながら、雪平鍋に酒を入れ、煮切ったところに辛汁を入れて冷ます。この中に叩いたオクラを入れ、手でしっかりもみ込むと、ネバネバオクラの出来上がり。

茹でて味付けしたそば粒を、オクラと和えて酒の肴とするのも一興。が、そばにからませて食べる方が楽しい。そばは、**そばの芯粉十割**で打った御膳そばがいい。御膳そばの甘み・香りと切れ味が、オクラの粘りと香りを引き立てる。爽やかな歯ざわりである。白い御膳のそばに、淡い緑のオクラが溶けあう女性的な美しさは、まさに雨上がりの虹のような清涼感そのもの。

納豆の　糸でからんだ　夫婦箸

さらに納豆を加えると、より一層のネバネバを満喫できる。

納豆に、卵黄と辛汁を入れ、泡立て器でよくかき混ぜる。そう、泡雪のごとくふぁーとさせるのである。

納豆は、〝ヘルシーネバネバ度〟が断トツだから、そばにからませると栄養抜群。器を手にしっかりもって力いっぱい混ぜ合わせるのだ。

このネバネバがそばの歯切れを一層助ける。淡い風味の御膳そばで食べると、オクラや納豆が軽やかになる。これを**粗挽きの太打ち**そばだと、山深い里で食べる重厚な味に。郷愁感いっぱいである。

「旨い。こたえられない」

十割そば太打ちの腰の強さと歯ごたえが、ネバネバーに包まれる。それをガムシャラにかき混ぜ、息もつかずにすすり込む妙味は、まさに男の世界か！

「旨い！　女にはわかるまい」

ブツブツした納豆と、サクサクしたオクラが、ネバネバの中で溶けあう様。それをとりもつ太打ちそばの、黒くたくましい歯ごたえ。口のまわりのネバネバを舌でなめながら、そばを一本一本確かめる。

やはり酒には太打ちそばが合う。糸を引き引き、そばを噛みながら酒を噛む。そば屋になってよかった。

（平成十八年七月）

そば粒とろろ

雨上がりに、朝靄のカーテンがめくられていくように、霧が晴れていく。木々の緑は、浮き上がるように現れる。一つ一つの葉を、枝を、幹を洗い、その表情はまるで背伸びをするかのようだ。その緑は濃く、輝き、艶やかである。

軒先の白い花は、雨後に映えて美しく咲いている。紫陽花は優雅に、沙羅《しゃら》の花は優しくつつましく佇《たたず》んでいる。

そんな梅雨時の晴れ間の昼下がりに、霜髪のご婦人が、娘に肩を抱きかかえられながらやって来た。

まずは、片口が、ぐい呑を添えて運ばれてくる。片口には、**そば湯**が入っている。娘が一口飲んでみる。

「とても品のよい、やさしい味わいですね。お母さんも飲んでみれば……」

少し身構えながら飲む。

「ほっ」とした表情を見せ、もう一口。

「お母さん、美味しいでしょう……ゆっくり飲んでくださいね」

まずは、**かけそば**。小ぶりの椀には、さらしなの生粉打ちが入っている。**小鉢のお浸し**が添えられ、蕨、赤みず、行者にんにく、そして焼湯葉である。

「お母さん。山菜や湯葉ですよ。大好きなんですよ。よかったね」

山菜は、茹でて甘汁に浸しただけの味付け。椀を手にして、まず汁を飲む。口もとに笑みが浮かぶ。次に、さらしなそばを口にする。菫《すみれ》の花が開くように、顔が綻《ほころ》ぶ。

蕨、赤みずをそのまま口へ入れたり、椀の中に入れて、そばと一緒に食べてみたり。箸を口へ移すたびに笑みをこぼし、

「山菜って、こんなに粘りがあって、コクがあって、香りがあるなんて……そして、シャキシャキした口当たりがとてもよくて。お母さん、どう？　口にあいますか」

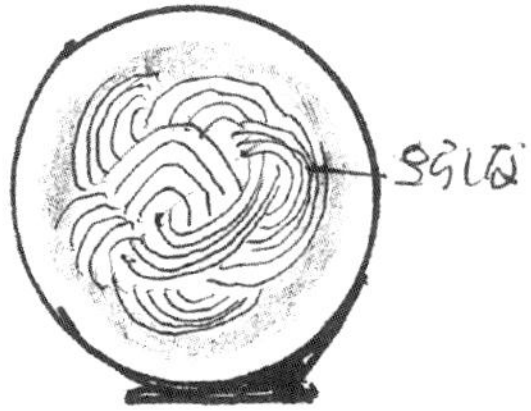

湯葉は、一cm幅に端から折りたたみ、甘汁で少し煮て味をしみこませる。それを茶布でよくふいて冷蔵庫へ。後は、網で焼く。

「味がよくしみこんで、おいしいわ。湯葉も厚いから……甘みも強く、大豆の香りもやさしい。口に含んだままでいると口の中に湯葉の香りと甘みがいっぱいで……とても幸せですよ。お母さん、そんなに食べて大丈夫ですか」

お母さんは、そのまま食べたり、汁につけて食べたり、そばと一緒に食べたりと楽しそう。

「母の顔の色艶が、どんどんよくなっていくみたいですね。お父さんも嬉しいでしょう」

父は、酒を飲みながら笑みを浮かべ、

「うん、うん、よかったね。わしも幸せだよ」

お父さんの酒の肴は、辛味大根をたっぷりおろし、醤油を少し添え、焼海苔、揚げそば粒を散らしたもの。もう一つは、おろした山芋に卵黄を入れたもの。妻、娘の笑顔を、やさしく見守りながら「旨いよ、旨いよ」。

そばがきの登場。

鍋敷の上にどんと、そばがき鍋が置かれた。薬味皿には、おろした辛味大根と醤油。味醂で溶いたそば味噌。そして、黄な粉。

「おっ」と驚きの声。と、同時に一同は体を乗り出し、食べに入っていく姿勢である。

「うっすらとした緑色がきれいですね。つきたての餅のように軟らかそう。お母さん、湯気が出ているうちに食べてみれば……楽しみ、楽しみよ」

「母がよくつくってくれたの。それを、砂糖醤油や黄な粉を付けて食べてました。でも、こんなに甘くて、香りがあって、そして口の中でとろけるものだったら……どんなに楽しかったか。雑味がなくておいしいわ。ちょっと、ちょっと、お母さん食べすぎよ」

仕上げは、**そば粒とろろ仕立て**。

そばがき鍋にそば湯を入れ、甘汁を加えて味付けをしている。小口切りした葱とそば粒を入れ、沸立つ前に山芋を全体にかける。山芋の上に、刻んだゆずを添える。

「お母さん、食べてごらん、ね、ね、山芋や柚子の香りもいいし……そば粒が、口の中に、すうーと飛び込んで入っていくって感じでしょ。とってもやさしい味わいで、元気が出そうよ」

「温かいだし汁の上に、冷たい山芋がのっていて、この温度差が、より一層の味覚（旨み）を感じさせるみたいですね」

食に欲のある・なしに関わらず、まず最初に口にしたものに対して脳は感知して、あるホルモンを出すという。「これは旨いぞ。いけるぞ。食べてよし！」と。すると、食べる行動を意欲的にするという。

そば粒とろろも血糖値を下げるばかりでなく、脳からホルモンが出て食欲を増すのか、「ホルモンの影響かしら、その後のものが食べやすくなるみたい。見てください。お母さんの食欲、また食べますよ、というように箸を持ちつづけていますもの……」。

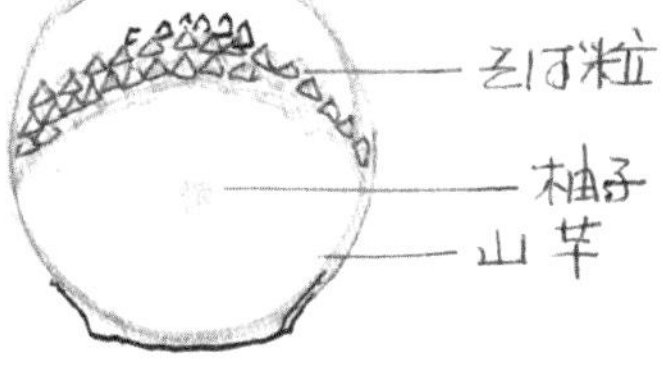

最後の甘味は、**そばがきのしるこ**。

「えっ、これって……おいしい、お母さんー」

「小豆は、あまり甘くないからいいですね。そばがきの甘さが、小豆を甘く感じさせているわけなんですね。小豆の旨みもあって。お母さん、ゆっくり食べていいのよ。よかったね。また、来ようね」

愛とは、相手のために、自分の大切な時間を与えることから始まる。食を重ねるたびに、顔色の赤みは濃く、艶っぽく輝いていく。

「満ちたりて優しい面持ちの母を見ていると、涙が出そうになります。連れてきてよかった」

一つの道は険しくて遠い。そば屋になってよかった。

（平成二十四年七月）

大暑

七月二十三日～八月六日頃

穴子

夜来の雨は、早咲きの朝顔の花を開かせ、ひとときの晴れ間は露を光らせる。

「お～い、穴子を持ってきたぞ。これで飲もうぜ」

幼馴染みがやって来た。

狂おしく　暴れる穴子　あわれとも

まずは、頭を目打ちし、包丁で背開き。身を開き、内臓を取る。次に、腹骨から中骨を尾先まで一緒に取り除き、背びれを切って頭を落とす。そして、よく水洗いすると、いよいよ**穴子の素焼き**である。

「包丁さばきは、さすがだよ。見てるだけで酒が飲めるなぁー」

「素材の持ち味を生かすのは、素焼きが一番だよ」

網を少し焼きながら、「穴子は皮の方から焼くときれいに仕上がるから。おい、焼けたぞ」。

食べやすく三切れにした穴子を長皿にのせる。本かえしを刷毛《はけ》で一塗りする。おろし山葵を添えて、

「旨そうだろう」

「おっ、いい香りだ」

眼を閉じながら、穴子に鼻を近づけ、両手で香りを嗅いでいる。

穴子に山葵をのせて、

「うんうん、旨いよ。やわらかいし、持ってきてよかったぁー。もう一匹焼

いてくれ！　うなぎより淡白だし、やさしい味わいだから……何匹でも食えるんだよなぁー」

「おい、今度は**穴子の大ぷら**にしたが、旨いぞ」

薄い衣を付けた穴子に、枝豆と玉蜀黍《とうもろこし》の掻き揚げが添えられている。天つゆは、おろし大根を添えた甘汁。穴子の淡白な味わい、玉締め油の甘み、そして甘汁が溶けあって、

「うーん、とにかく旨い。ふぁーとやわらかくて爽快だ。絶品！　絶品だ」

「おい、玉蜀黍の甘みもいいねぇー。枝豆の香りと食感もいいし。おい、いい感じだぜ」

うまい味　あなご焼かれて　夏の膳

仕上げは、**穴子そば**。御膳さらしなのかけそばに、素焼きの穴子をのせたもの。

「おい！　これはぜいたくなそばだねぇ！」

羽田沖の穴子は天下一品という。蕎麦屋では、江戸末期に種物として**穴子南蛮**が登場している。それは、かえしでつけ焼きした穴子と、短冊に切った葱を添えた二八そばのかけである。

目の前の穴子そばは、御膳さらしなそばの歯切れ、甘み、そして甘汁の淡白さが、穴子の香りとやさしさを一段と際立てている「穴子のためのそば」である。

穴子を食べ「納得」。そばを食べ「納得」。汁をすすり「納得」。

互いの持ち味を知ることは大切。そして、その持ち味を出しあって融合して完全な味になる。

「本当に来てよかった。また来るからな」

そば屋の仕事は「木鉢と土たんぽ」。旨い汁と旨いそば。

そば屋の仕事は楽しい。

（平成二十年七月）

土用そば

「えっ、もりそば一枚に、鰻一匹分、それに牛乳三本分の栄養（タンパク質）があるのですか？」

　そばの功徳と言えば、行者（修験者）と呼ばれる人々が、そば粉を携帯して千山万岳を踏破したという。そば粉を谷川の水で溶いて食べ、活気を保ち長途の旅に耐えたそうだ。比叡山の荒行では、そばと少しの野菜で「断食・断水・不眠・不臥」の体力づくりをする。

「へぇー、もりそば一枚でそんな生命力が得られるなんて……」

「気長に『一日一食』。脳内出血、動脈硬化、肝臓障害などなど。血圧を下げるだけじゃないよ。美容剤として、さらに精力剤にも」

手打蕎麦己来虚労快

「土用」といえば極暑の頃。高温・多湿な上に日照りで疲労も激しく、睡眠も不足しがち。食欲も落ち、身体も衰弱する。

「『一日一食』もりそばを！　そば一食で、鶏卵三個分、牛ロース一〇〇g程、さらに、白米六杯分という栄養ですよ」

　暑気あたりしないとか、腹痛を起こさないということで、夏の土用にそばが食べられてきた。

鰻好き　初手一皿は　筋むちう

「でもー、土用には、やっぱり鰻が食いてぇよー」

　古来、鰻は栄養食品として珍重されていた。『万葉集』にも「石麻呂に吾れ物申す　夏痩せに良しという物ぞ鰻捕り食せ」とある。

　まず、鉄板に金網をのせ、竹の皮に包んだ鰻を焼く。これを温かいそばにのせ、山椒の葉を添える。そばは勿論、そばの芯粉を十割で打った、淡い風味と甘みのある御膳そば。サクサクした絶妙の歯ざわりがたまらない。このサクサク感が、白焼きした鰻のふぁーとした柔らかさと甘みを一層引き出す。

「山椒の香りもいいねぇー」

「鰻は愛嬌のある顔したメスがいい……」

「ハイ、お酒と**そばの蒲焼**もどき」

「へぇー！　そばの蒲焼」

まずはそばがきをする。そば粉は粗く挽いた香りの強いのがよい。

これを焼き海苔に貼りつけ、胡麻風味をつけた油でサッと揚げる。醤油と味醂を同割にしてゆっくり煮詰めたタレに煮切った酒を少し入れ、たっぷり付けて焼く。タレの焦げとそばの香りが、辺り一面にプンプンと漂う。

「これは、これはいいねぇー。酒が足りないよー」

ふぁーとしたそばのやわらかさと香り、そして甘みが、胡麻の香りに調和して、「鰻そのもの」。

一箸口に入れては、酒をなめ。土用のそばはまさに「東風《こち》」。


（平成十七年七月）

そば懐石とベジタリアン

早咲きの朝顔が、夜来の雨を吸って花を開かせている。採りたての緑を食べていると、天地の呼吸や鼓動を感じる。人は手でつくることで、自然の土と共にあり、天地の移ろいを知る。

冷や奴　四角四角に　箸がいき

「**そば豆腐**ですね」

五㎝四方で、厚み一センチというところか。やさしいそば色に仕上がっている。豆腐の上には、とり揚げ湯葉、茹でたそば粒、そして山葵が添えられている。そば粉（四〇g）と葛粉（二〇g）を篩《ふるい》にかけ、水（三五〇cc）入れ、よく混ぜておく。

「十分程度寝かせておくと、粉と水が馴染むみたいですね。ダマが少なく、きれいに仕上がります」

中火で十二分程練って、流し函に入れ、空気を抜きながら氷で余熱を取ると、「そばの甘みと香りの……ふぁーとした。やわらかい」豆腐の出来上がり。

「召し上がる十分前に出来上がるように」

温ったかみが少し残って、香りと甘みが口中に広がり、

「すごく心地いい」

小皿に入れた本がえしにつけて食べると、

「香りが引き立つのね」

大根が　御馳走にする　田舎そば

蒸籠には、釜から茹であがったままのそばが盛られている。そばの香りの湯気が沸きあがり、辛味大根と醤油が添えられている。

そば粉は粗挽きで、十割の太打ちである。辛味大根を、そばに散らす。

「うっ、すごい香りだ。歯ごたえもいいし……そばに角が立っていて、美しくて男らしいそばだよ」

「口の中もほくほくで、香りと甘みでいっぱい。〝そばを食べてる〟って感じよ」

これが、**土用そば**なのである。

段々に　音が無くなる　とろろ汁

「へぇー、この汁、楽しい味わいですねぇ」

濃いめのそば湯に本かえしを少し入れ、味を調整したもの。汁の中には茹でたそば粒が、その上にすりおろした山芋、そして、おろした柚子が添えている。

「柚子の香りが食欲をそそりますねぇー」

「汁は爽やかで深みがあるわねぇー」

そば湯にかえしを一滴入れることで、そば粒、そして山芋の甘さ、香りが引き出されている。

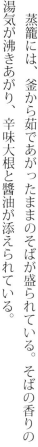

「そば湯とかえし（醤油・味醂・砂糖）で、こんな汁の味わいになるなんて」

今日の集まりは、自然農法の穀物や野菜を主食としている人たちである。その土地その土地に、季節季節に産するものこそ、「無上の大薬」という。甘味は**焼き餅**。甘みの少ない小豆を、そばがきで包み込み、醤油でつけ焼きしたもの。

「醤油を焼いた香ばしさが……いいんだなぁー」

野菜は天然の甘みの宝庫という。火を通したり、塩を少々加えることで味のメリハリがつき、野菜の表情がぐんと表に出る。

そばはいい友である。そばはかわいい生きもの。そば屋になってよかった。

（平成二十一年七月）

旧暦七月・温《あつ》風《かぜ》至《いたる》

梅雨明けとともに、猛暑が始まり、人（私）は枯れそうになる。その夏枯れの中、百日紅《さるすべり》は炎暑に負けるものかと、ピンクや白の花を誇らしげに咲かせている。

今日は、旧暦七月七日。井戸替えの日である。長屋の住人にとって、井戸は協同生活の中心。手桶で水を汲み家に運ぶ者、嬶《かかあ》（主婦）たちは、洗濯や炊事の用意などのかたわら、四方山《よもやま》話に花を咲かせる。

井戸端は、水の利用を通して〝生きる原点〟なのだ。だから、江戸時代の井戸替えは、長屋の住人の総出で行う大イベントなのである。

男たちは、赤い褌《ふんどし》に印半纏・縄の帯を締めた出で立ち。大工の留さんの「さぁー、とりかかろうぜ」の合図でまず、井戸の化粧側をはずす。

次は綱がついた大桶で、井戸水の大半を汲み出す。その綱を引っ張るのは、長屋の住人たちである。最後は、井戸掘り職人が井戸側を洗ったり、塵芥類をさらったりして、井戸水を全部汲みほす。終わると、井戸を板戸でフタをして、御神酒や塩を供え清める。

♪たなばたさまのおむかえは　屋根にかざした短冊笹で
天の川へとどけましょう
手習い上手か　おはりの上手　芸ごと上手を　ねがいましょう♪

「竹やぁー」

「花火、からくり花火はどうじゃいなぁー」

竹売り、朝顔売り、そしてとんがらし売りと……朝から、物売りのかん高い声が賑やかである。

今夜は七夕。

夕方に近づくと、井戸端のまわりに細竹が立てられ、五色の短冊や糸などが段々とつりさげられる。水の入った黒塗りの盥《たらい》も置かれている。

天の川は頭上に横たわり、金粉を散らしたような星空に、上弦の月が輝く。いよいよ、七夕祭りが始まる。

井戸端は忙しくなっていく。まず、台を置き、花と酒が供えられる。花は、紫陽花とヒマワリが竹筒に差し込まれている。まさに、初夏と盛夏の手つなぎである。

彫師の吉さんが一声、

「今日の井戸替え、お疲れさま。さあ、楽しい宴を聞きましょう」

すると、長屋のおかみさんたちが手分けをして小鉢・丸皿・角皿と大笊を持ってきた。小鉢には、千切りした**茗荷**に、そば粒を添えている。そこに、辛汁をかけている。

「私の家で採れた茗荷です。よく混ぜて食べてみてください」

まず、一箸を。

「ええっ……」

「茹でたそば粒の甘みの中から、茗荷の香りがやさしく口の中に広がる」

「口の中は、そば粒の甘みが漂って、さらに茗荷のシャキシャキ感が……。口の中で踊っているみたい」

「茗荷の香りが一層出てくるようだ。茗荷好きにはたまんない酒の肴だ」

「炎暑の中で、減退していた食欲が涌いてくるようだ。口開けには、もってこいの前菜だよ」

次の角皿には、

「豆腐屋さんにいただいたの。**湯葉**を焼いただけよ。口に合うかしら……」

湯葉の表面が少し焦げている。その上に、大根おろしを少しのせ、辛汁をかけて食べる。

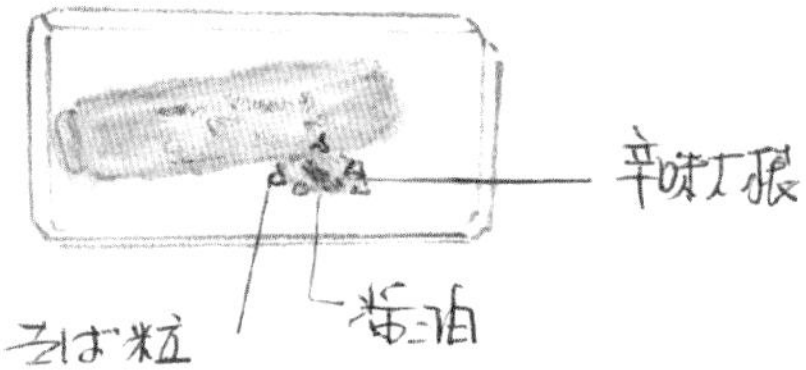

不安そうな顔で、食べている。

「おい、おい、甘さがいいねぇー、旨いぞ。酒にもってこいだ」

「湯葉って焼くと大豆の甘さがよく出てくるんだ。その甘さが、口の中にいつまでも残るのが……不思議だねぇー」

「湯葉の甘みで、辛汁がとてもやさしい味わいになるよ」

長屋の連中の箸の動きが速い。あっという間に食べつくす。視線は、次の丸皿に……。茄子・じゃがいも・玉蜀黍・獅子唐が盛られ、味醂で溶いたそば味噌を添えている。

「**野菜**は、長屋の皆さんの差し入れです。ただ焼いただけですよ」

各々の野菜は、時季のもの。単純に焼いて、味噌で和えることで、生き物の甘み・香りがより一層旨みとなる。

「さあ、止めのそばですよ。**茗荷切り**です」

茗荷（一六〇g）は、細かく刻み（または、おろし金ですりおろす）すり鉢で叩くようにつぶす。

それを、さらしな粉（四五〇g）の中に入れ、両手でこすりつけて、揉むようにして、混ぜ合わせる。お湯は、二二〇ccで生粉打ち。一箸、食べてみる。

「なるほど、茗荷の香りが……うん、うん、確かにありますね」

「そう、そう、これくらいの香りが……いいんですよねぇー。食べ終わって、しばらくすると、口の中に香りが漂ってくるくらいの方が……美味いですよ」

「茗荷の色あいはないですが、微かな香りは、夏を感じますね」

子どもや娘たちは、盥の水に映る星を見てキャッ、キャッと叫んだり。短冊の文章を見てクスクス笑ったり。昔の人の心は、ほんにほほえましく、美しいものである。

「季節のめぐりに、花が咲き、実を付け、葉を染める。やがて、葉も落ち、静かに眠る。春夏秋冬の自然のいとなみと共に、しっかり地に足をつけ、共に楽しく暮らしましょう」

庭師の卓さんの止めの言葉で、めでたし、めでたしの一日であった。

一つの道は険しく遠い。そば屋になってよかった。

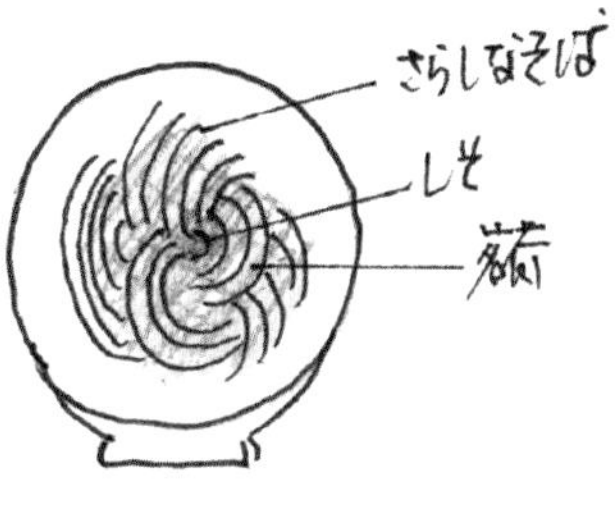

（平成二十三年八月）

精進料理

壁に一刷毛の水を打つ。壁にしみこんだ打ち水の跡に、夏の風情を知る。まさに繊細なる涼感の世界である。

紫蘇の葉が　とりもって遣る　梅の色

「わぁ、梅干しがおいしそう」

中鉢には、御膳そばがあり、その上に硬めの豆腐をのせている。豆腐の下に緑色の若布、豆腐の上に濃紅の梅干しがどっかり座っている。そばもやしを添えて、

「梅肉で豆腐を!?」

「梅肉でそばを食べるの……」

「あれっ、おいしい。梅の塩《しょ》っぱさがない。梅の甘み、香りがどうしてだろ

う、こんなに感じるの。御膳そばって不思議ね……」

「母親はよく『梅は梅雨の雨を浴びたものよ』と言っていた。収穫するとよく洗い、ひと晩水につけ、ふきんでよくふいて、つけ瓶に梅と塩を交互に入れていたものですよ」

「私は塩もみした赤紫蘇の葉から出てくる黒紫色の汁で指先が染まった、にがい思い出があるの……」

「ところで、豆腐の下の岩布の力ってすごいね。そば、豆腐、そして梅とのバランスを補い、全体の味わいを豊かにしているのね」

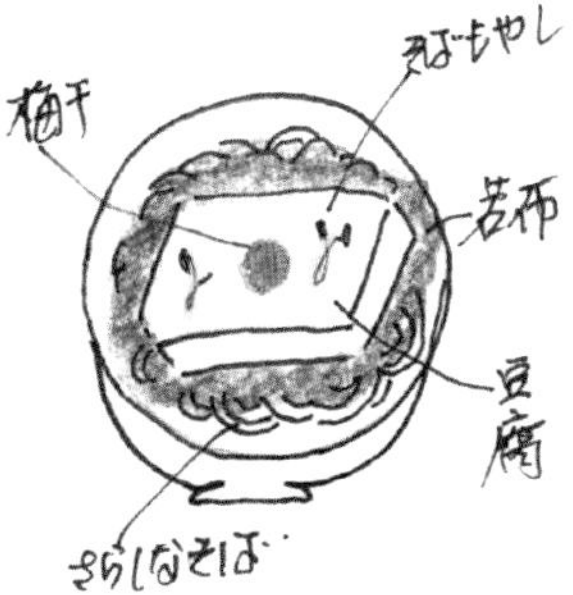

揚げそばを　好んだ亡父の　猪口でのむ

盛り皿には、三角形（ぎょうざのような）の揚げものがおかれている。そばもやしも添えられ、清涼感を演出している。

「おいしい。パリッとした食感がいいですね。口の中に漂う香ばしさは……何なの？　つい嬉しくなっちゃう……」

二八そばを伸ばし、正方形（六㎝程）に切る。その中に具を入れ、折りたたみ、胡麻風味の油で揚げたもの。この**南蛮揚げ**の中身は、牛蒡、椎茸、葱、人参を炒めている。おろし醤油（辛味大根）で食べるもよし。

「食感とやさしい香りを味わうなら、そのまま食べるべきよ」

椎茸は　精進平の　立役者

「この吸物は、素直な味わいですね」

汁の実は、青紫蘇で包んだそばがきである。

「薄めのそば湯に椎茸と大豆で汁取りをして、本がえしで味をつけています」

「椎茸と紫蘇の香りがやさしい……少し粘りっけのある甘みは何かしら……そば湯が原因かなぁー」

「時間をかけてゆっくり味わうと、素材の息吹を感じるの。そして自然の命・エネルギーを得て、身体が熱くなるのよ……」

ふるさとは　夕餉の膳に　ちらしずし

「**そばのちらしずし**です。そば米と白米は同割、昆布と塩少々を入れ、炊飯して酢合わせしたものです」

「とても賑やかで、おいしそう」

椎茸・干瓢《かんぴょう》・人参は下煮。筍・牛蒡・高野豆腐・隠元は、フライパンで焼いている。柚子・山椒の木の芽、そしてもみ海苔を隙間なく載せる。

「そば米のあっさり感が、粘りっけがなく、さらっとした食感がいいね」

「ちらしずしって楽しくて、おいしいわ」

「血行が良くなって、肌もきれいになったみたい」

「ありがとうございました」

そばはいい友である。そばはかわいい生きもの。

そば屋になってよかった。


（平成二十一年八月）

秋

立秋…8月8日～
処暑…8月23日～
白露…9月8日～
秋分…9月23日～
寒露…10月8日～
霜降…10月23日～

立秋

八月八日～二十二日頃

茗荷、オクラ

雨上がりの山道を歩いていると、緑の輝きに見とれてしまう。露草も水引も、濡れ色の時こそ風情がある。そして、森の土に雨がしみこむ様は、命の源を感じる。

夏茗荷　さがせば汗が　こぼれだし

「こんにちは、久しぶり。やっとついたよ」

両親が、夏野菜を竹籠に入れてきた。陣中見舞いである。茗荷・オクラ・茄子・獅子唐等々……まさに採り立てである。

オクラは、六～一〇cm程の大きさで緑々して、「やわらかそう」。

まず、オクラは塩もみをして、茹でて冷ます。それを包丁で細かく切って叩く。

「叩けば叩くほど、よく粘るんですよ」

「お酒を煮切ってどうするの？」

「辛汁の中へ入れて味を調整して……ちょっと、味をみてください」

「うん、うん、コクがあっておいしい」

「叩いたオクラを、この汁の中に入れるでしょ。手でよく揉んで味をしみこませるのです。ほら、オクラの粘り、香りがよくなって……旨いでしょ」

おろした辛味大根に少々の醤油をのせ、オクラと茹でた

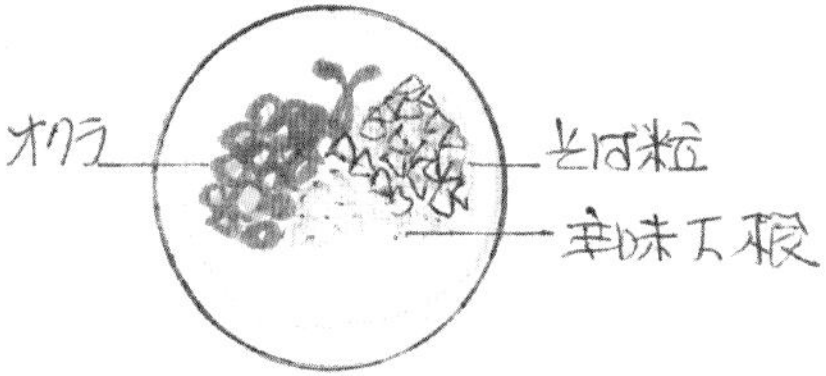

そば粒を添える。

「大根の辛み、オクラの粘り、そしてそば粒の甘みのバランスがすごく、いいのね。お父さん、ちょっと食べてごらん、お酒にいいよ」

今度は、小鉢に御膳そばを入れ、味付けしたオクラをたっぷりかけ、そばもやしを添える。

「わぁー、おいしそう。オクラの粘りって……すごいのねー。そばの歯ごたえと、オクラの粘りが……すごくいいよ」

朝霧の刺激　谷間の茗荷摘む

「茗荷って可愛いんだよね、小さな筍みたいに先細って、何のくったくもなく頭をもたげるの。そしてそこら中に出てくるところが、何ともいえないねぇー」

茗荷は、薄紅色で、まさに清涼感溢れる夏の野菜である。

「わぁ、爽やかで、おいしそうなこと……」

小鉢には御膳そばが入っている。そこへ、細長く刻んで水に晒した茗荷をたっぷりのせ、さらに刻んだ紫蘇の葉を添えている。

「薄紅色の茗荷と、緑の紫蘇の葉……にくい色合いね。食べると、それぞれの香りがやさしく調和して……とってもいいよ」

「そばが、茗荷の甘さと香りを引き立てているなんて、不思議よね。食欲が出てきたわ」

茗荷ほど滋味を一身に引き受け、自己を頑固に守りとおしている野菜は他にないという。

「その個性を、御膳そばの甘みと切れ味が、やさしく支えているなんて……父と母の関係ですね、ご苦労様です」

「微かな紅色のそばは何ですか？」

「**茗荷を御膳そばに打ち込んだ**ものです。細かいおろし金でおろしたのですが」

「香りがやさしい、爽やかっていうか……何か清らかさを感じるね」

「すーっと口に入ってきて、口の中に香りがやさしく

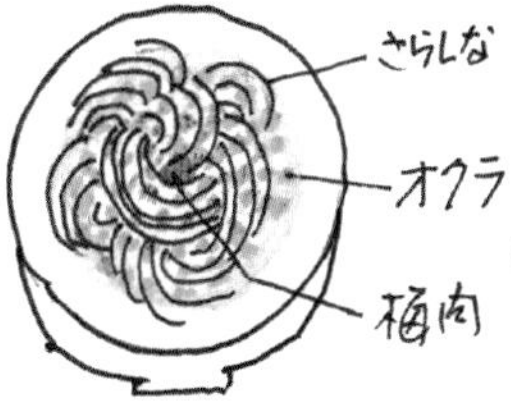

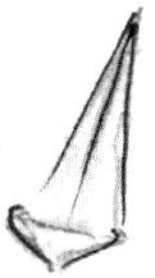

広がり……涼しいーって感じがいいよねぇ……」

「私たちも、もっと野菜作りに励みますからね。あなたも、いい心根を持って、しっかり励んでね。でも、身体は大事にね」

そば屋の仕事は「木鉢と土たんぽ」。旨い汁と旨いそば。

そば屋の仕事は楽しい。


（平成二十年八月）

とろろそば

「寛仁大度《かんじんたいど》　長芋の風味なり」

山間地域に、自然薯をつなぎに入れたそばをよく見かける。甘みがあって口に軽く、そして硬さがなんともいえない。だが小麦粉の粘りがないためにパサつくから、食感はよくない。毎日食べるには飽きてしまう。久しぶりに帰郷した、家族の席で振る舞う「郷愁そば」なのかもしれない。

段々に　音の無くなる　とろろ汁

大和芋はすり鉢でゆっくりあたる。その中へ泡立てた卵白を入れ、そして甘汁で味を調整する。口に入れるとふぁーと、とろけるようなやさしさと甘さに「つい、楽しくなってしまう」。

このとろろ汁に、炒ったそば粒と、おろし山葵を添えれば、**山葵芋**である。酒の肴として「そば屋の古典」なのだ。

そば粒が歯に当たり砕けると、そばの香りが口いっぱいに広がる。なんともうれしい味わいがある。おもむろに、ぐい呑みを寄せて一杯。とろろ汁をすすりながら一杯。

芝海老を塩茹でして殻をとり、包丁で細かく叩く。これをとろろ汁に入れ、おろし山葵とそば粒を添えると、**海老とろろ**である。江戸の「粋」を感じる。

芝海老の甘みとそば粒の香りが溶けあう様。さらに、それらをとりもつ山芋の妙味に辛党にはこたえられない。歯切れのよいそばを、このとろろ芋で食べる心地よさはこれまた格別。

　あつもりを　とろろにからめ　母おもう

茹で立てのそばを水洗いしないで椀に盛る。その上にとろろをのせ、おろし山葵を添え、冷たい辛汁を少しかける。そばの香りがプンプン漂う。これを、山芋で固く抱え込むようにして食べる。山芋とそばの甘みが溶けあい、

「う～ん、たまらん」

声大にして我返る。

そばは粗挽きのそば粉十割で打った太打ちがいい。酒の肴には強烈である。粘りが強く、歯ごたえのある太打ちを、とろろにたっぷりつけて確実に味わう。郷愁感に満ちあふれるばかりである。

一本一本の腰の強さ、甘み、そして香り。とろろの腰が強いか、甘いか。そばの腰が強いか、甘いか。

〆張鶴本醸造を噛みくだくようになめながら、

「う～ん、そば屋になってよかった」

（平成十八年八月）

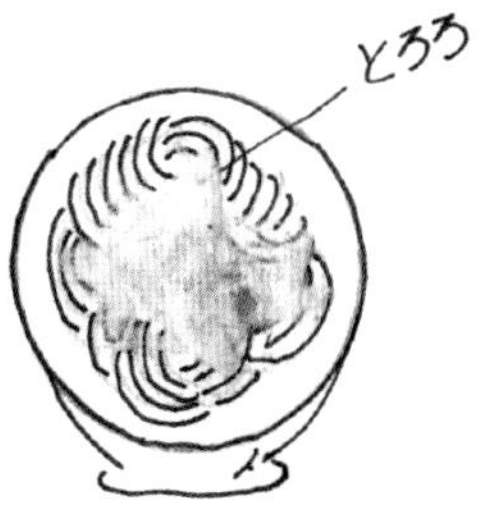

供養そば

盆棚には、真っ白い御飯が山盛りになっている。牛蒡・芋・カボチャといった野菜の天ぷら、そして桃・ぶどう・瓜と言った時季の果物もある。もちろん、そばも供えている。

♪盆にぼた餅　お昼にうどん　晩にゃ米の飯

　南瓜汁♪

「そばが好きだった親父も、早や三回忌になるんだなぁー」

昨年の盆入りには、そば殻で墓火・門火をたき、仏様を迎えた。

今朝も起きるとすぐに、

「窓をいっぱいに開け、仏様に清々しい風をあげなさいョー」

「はーい」

そして、気分爽やかに、**そば饅頭づくり**。

「粒がつぶれないようにネ！」

小豆は、とろ火でゆっくり煮て、砂糖と塩で味を仕上げる。

「そばに甘みがあるから小豆（餡）の味をおさえてョ」

「そばがきはやわらかめにネ」

わが家の〝生き字引〟である、おばあちゃんの声が、家のいたるところに走る。餡をそばがきで包んで黄な粉をまぶして、

「そば饅頭ですよー」

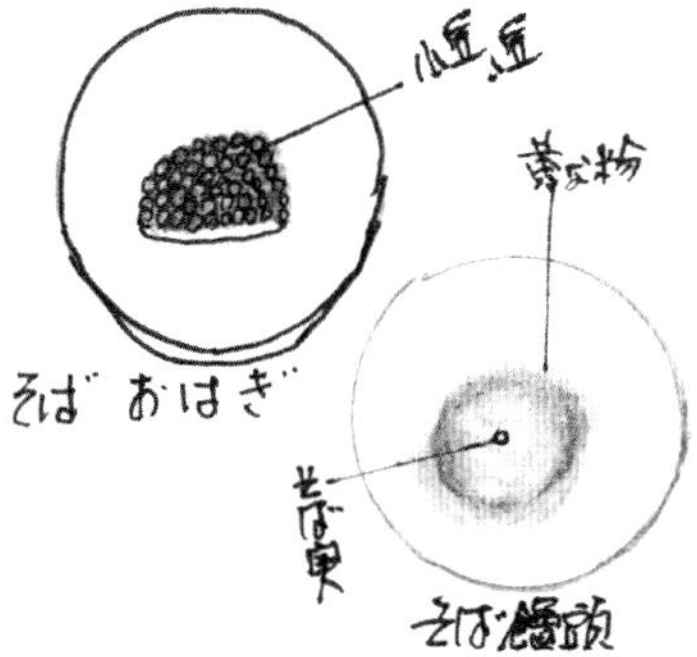

そば餅を　あごで教えて　昼となり

軒先の玉暖簾ごしに、打ち水のあとの爽やかさが伝わる。

そば饅頭を盆棚に供えながら、

「そばがきのやわらかさが……ウーン！　たまらない」

粘り気のあるやさしい甘みが、口の中でとろけていく。その快さにうっとりしていると、「チリリーン、チリリーン」風鈴の涼やかな音がする。

「おーい、さっぱりしたそばを食べたいね」

そば食べて　寿命と家運　延ばしたい

「**紫蘇切りそば**を食べますかァー」

庭の青紫蘇を摘み取り、細かく刻む。そばの芯粉十割を、お湯で練り上げた中に、紫蘇を打ち込み細く打つ。ほのかな紫蘇の風味に加え、口当たりがよいものだから、

「オーい、もう一枚」

そばの淡い甘みと、紫蘇の香りが口いっぱいに広がる。そして、サクサク

とした歯切れが一段と、涼しさを感じさせる。

「なるほど……こたえられない」

夕暮れの送り火が映える頃、村の辻から音頭が聞こえる。

♪踊れ若い衆　今宵がかぎり　明日は稗切り　蕎麦つくり♪

（平成十七年八月）

そば豆腐

軒下にすだれを垂らし、打ち水をする。

涼やかな一時に日本の心や風情を感じていると、マキシ丈の似合うお嬢さんが「こんにちは」。夏らしく、髪はアップで涼しげな出で立ちである。父親に伴われてやって来た。

丸小鉢には、**そば豆腐**が入っている。豆腐の一片は三cm、厚さは一cm程のもので、湯葉、茹でたそば粒、そして山葵を添えている。

「わっ、これ何？　もちもちして粘っこくて……おいしさが、口の中で楽しんでるわ。そば粉（粗挽き四〇g）と葛粉（一二〇g）と水（三五〇cc）だけでつくっているんだぁー。えっ、十二分も強火で練ったんだ。ご苦労さんって感じだね。でも、むっちゃおいしいよ。そばの甘みや香りが上品だよね……すごーい」

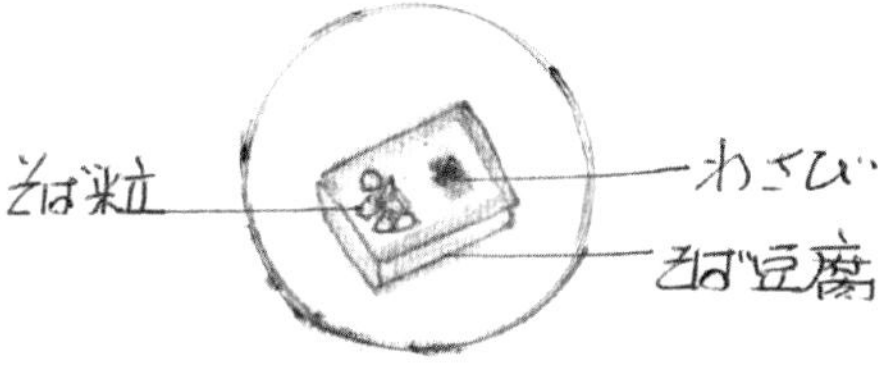

小鉢が並んでいる。一つめは、オクラ。
「これって、何っ!?　オ・ク・ラって、こんなんだっけ。すごい粘りなんだ。すごいすごい、粘って粘って〝オクラの大群〟って感じだ。オクラの下にはそばが。このそば白いけど……ほう、十割そば、へぇー」
小鉢には、さらしなの生粉打ちを入れ、その上にオクラをのせ、千切りの生姜を添えている。煮切った酒に辛汁を入れ、その汁でオクラをよくもんで味をつけている。

次の小鉢には、玉蜀黍の掻き揚げが。

「わぁー、かっわいい玉蜀黍、きれいな黄色で……えっ、こんなに甘いんだっけ。玉蜀黍って、そばと食べると、すごくおいしい。大発見だ。この白いそばって、何でもおいしくするんだぁー、すごいすごい。そばは一口しか入っていないから、気に入っちゃった」

「わぁー肉だ。えっ、鴨ですって……軟らかくて……ジューシーだよ。鴨につけているタレ（かえし）で、そばを食べて……っと、わぁー、めっちゃ、おいしい」

ブツ切りの鴨肉をフライパンで焼く。脂身だけはよく焼き、仕上げにかえしを一塗りして小鉢のさらしなそばの上にのせる。

「私は、ばあちゃん娘《こ》なの。子どもの頃は、夏になるとじいちゃんのお寺の本堂に上がりこんでよく遊んだの。そのお寺って、茅葺き屋根でさ、伽藍《がらん》を吹き抜ける風の涼しさは忘れられないわ。

そのひんやりした畳の上で、ばあちゃんの打ったそばと、栽培《つく》ったオクラ、茗荷、茄子を食べてたの。その時のそばは、黒く、太く、しかも二〜三㎝くらいの短さなの。ボソボソして口あたりも悪かったけど……私にとっては、大切な時間と空間なの……」

茗荷を細く千切りして、小鉢のさらしなそばの上にのせる。紫蘇の葉は、さらに細かく切って添えて、

「私って、野菜が好きだから、この茗荷の香りにすごく反応しちゃった。茗荷の香りが、こんなにやさしくなるなんて。しかも、紫蘇の香りもすごーくいいんだ。白いそばって、野菜のえぐみも消しちゃって、おいしくするんだ。口の中が、すっきりしちゃったよ」

「何！何？　これって湯葉でしょ」

そばの旨煮の登場。

「湯葉って、豆の香りがするんだ。とろっとして甘いしねぇー、この汁って、何なの？　少し、にごってるけど、やさしい味でおいしいわ。ばあちゃんの味を想い出し

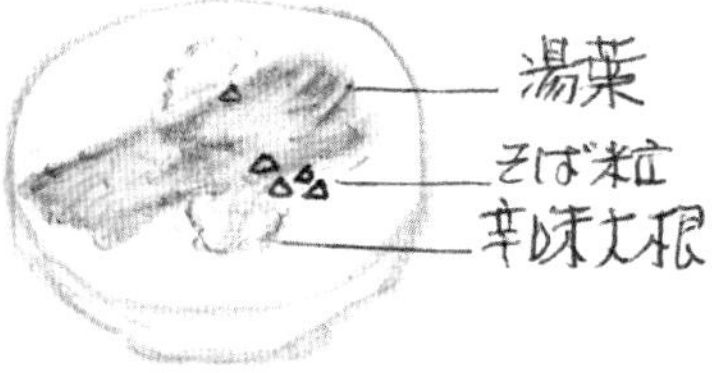

ちゃうよ」

汁は、そば湯に甘汁を入れ、味を整えている。牛蒡、鴨肉を細かく切って炒めたものと、茹でたそば粒が、湯葉で包まれている。その湯葉を三つ葉で巻いている。

「汁にコクがあると思ったら……鴨肉のせいだ。牛蒡の香りもいいねぇー。湯葉も豆乳から作っているんでしょ。ご苦労様だぁ！　やったね、すごくおいしいよ」

「いろいろ食べてるけど。へぇー……そばはまだ半人前ぐらいなんだ。スポンサーもいるし、どんどん食べちゃう」

「わぁー、海老だ海老だぁー。食べたかったんだ。ブト海老っていうんだ。**海老の掻き揚げ**が、こんなに甘くておいしいとは。殻もぜんぜん気にならないわ。この汁もおいしい。男の人って、この汁を酒の肴にするんだぁー」

汁は甘汁と辛汁の同割。ブト海老は、瀬戸内海産で、四～五㎝程の大きさ。殻と身の間の甘みが強い海老である。

「この汁を飲むと、急に大人になったみたいで、落ち着いちゃう……この汁につけるそばって……出るんだ。少し緑がかってきれいなそば。これも十割なの、細くて、艶があって、私の顔のように輝いてるよ」

「細くて、歯切れがよくて……とにかく食べやすくておいしい。どの店に行っても、こんなにおいしいと食べに行くのにねぇー。しかも、そばの量も少ないと食べやすいし、いろんなものが食べられるのが楽しいよねぇー、お店の方は、大変かも知れないけど……」

「私も、アパレル関係で働いてるけど……入店したお客様に対してその人のスタイルや表情を瞬間に読みとるの。そして、その人の好みに会わせて動くの……ゆっくり話を聞いてあげて、好みのものを探してあげるの。売れないことの方が多いけど、楽しく売ってるの。これを着て輝いて下さい、とそう思いながら、お客さんを送り出すんだけど……とても幸せなの。だから、こんな食べさせ方って、すごく気に入っちゃったなぁー」

一つの道は険しくて遠い。そば屋になってよかった。

（平成二十四年八月）

処暑

八月二十三日〜九月七日頃

そば粒

♪夕焼けこやけの赤とんぼ　おわれて見たのはいつの日か♪

空を見上げると、姿のいい絹雲が西から東へといくつも流れ、赤とんぼが秋の訪れを知らせるかのように群れ飛んでいる。

赤とんぼ　空の高さに　吸い込まれ

「緑色がやさしく、きれいだねェー」

小鍋にそば粒を入れ、水から茹でる。沸騰する前にお湯を切り、また水から茹でること十数回。

「粒の形がくずれやすいので、沸騰させないように注意がいるんですよ」

茹で上がったそば粒にすまし汁を加え、とろ火でゆっくり煮る。

「そば粒の味は淡泊なので、薄い味付けが旨味を引き出すのです」

これを椀に入れ、甘汁で味付けした山芋を加えると、**そば粒のとろろ仕立て**の出来上がり。

山の芋とそば粒。自然のおりなす健康食である。

「これを食べると、寿命《いのち》がますます延びてしまうね」

祖谷地方などの山麓地帯では、そば粒を粟、ヒエ、キビなどと混ぜて食べていた。豆腐・サトイモ・ねぎを入れ吸い物にしたり、地鳥や干鮎などで出汁を取り雑炊か、お茶漬け風に仕立てたという。

「これ、おいしいよ！　山芋の風味はいいし……うん、そば粒の甘みが口に広がって……何ともうれしい感じよ」

そば粒を大事そうに一粒一粒味わいながら眼を閉じ、ニコッと微笑んでいる。若かりし大正ロマンを偲んでいるのだろうか。

「自然（季節）のものを一つ一つ大切に食べると、結構満足感があるものよ。昔は、食べ物が少なかったんだから……」

大切なものを扱うように両手に椀を持ち、最後の一滴を楽しんでいる。

花を愛し、自然を愛し、人の心にふれることに歓喜する人は、明るく楽しい。

「おいしいものをしっかり食べ、飲んで寝る。どんな病気とも仲良くつきあっちゃう。一瞬、一瞬、悔いのないように、力まず生きましょうよ」

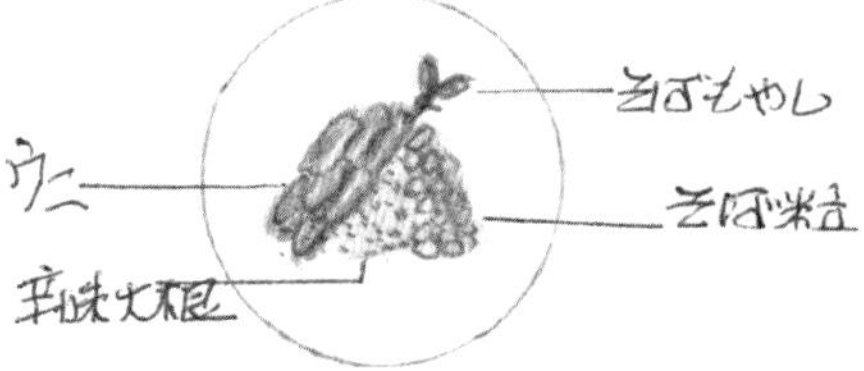

そばがきを　食べてこれまで　生きた皺

「そばは喉の通りもよいし、ビタミン・タンパクと栄養もあっていいのよ。食べることの好きな私には絶対に必要なんだから」

その結果なのだろうか、顔の色、艶がよく、そしてエネルギッシュな身体つきは、とても八十五歳とは思えない。

仕上げの**そばがき**を、辛味大根と醬油ですすめると、

「これよ！　やっぱり！　これがいいのよ！」

おいしいそばの風味につつまれ、

「どうにか、この夏ものりきったようだし……まんぞく、まんぞく」

（平成十九年八月）

胡麻切り

無防備に思えるほどの素直さと寛大さは、周りの人を和らげ、明るく楽しくさせてくれるものだ。

「こんにちは、エヘエヘ…へ…」と、暖簾をくぐるなり、愛嬌のある目つきで店の中を見回す奥さん。おいしいものに魅せられた子どものようなあどけなさを隠せないといった面持ちのご主人が、その後に続く。

二人そろって、そば釜の前に座る。そこが、いつもの指定席なのである。

雲丹でのむ　猪口のしずかな　上げ下ろし

「おっ、うまそうな生雲丹が、いきなりィ……」

（辛味）大根おろしの上に、薄めの甘汁で下味をした**そば粒と生雲丹**を和え、そばもやしを添えている。それに醤油が一滴かけてある。

「雲丹を少しずつなめながら香りを味わうのが好きでネー、ウッシシー」

雲丹とおろしを混ぜ合わせながら
「大根の辛味が、雲丹の甘さと香りを包み込み、ふぁーと口いっぱいに広がっていくのがとてもいい。それに、そば粒のやさしい甘みが、何ともうれしいねェー」

「私たち夫婦みたいに……（私がかげにいるから、あなたのよさが光る）寄り添いあって、それぞれの味を出しているって感じネ」

満面、喜びにひたりながら食べては舌鼓を打ち、ビールでくちびるをぬらしている。

精一杯　耐えてはじけた　胡麻の種

「長寿、精力増強の香りそば、**胡麻切りそば**です」

竹笊の上には、薄い墨色の下地に黒い胡麻の斑点が浮いたそばと、白い御膳そばが仲良く盛ってある。

「あなた、本当に精も力もつくのよ。髪だってツヤもよくなるし。頑張って食べましょうョ」

「胡麻の甘み、香ばしさがいいわぁー、噛めば噛むほど味わいがあるなんて、あなたみたい。フフフ……」

そばの芯粉十割を、お湯で練って胡麻を加えて打ったもの。胡麻は、じっくり煎り、あたり鉢でやさしく砕くようにあたる。

「胡麻の微かな風味とそばの甘みを、バランスよく保つのは難しいのですよ」

薄めの辛汁で**御膳そば**を食べ、口をさっぱりさせて、次に、「香り豊かな胡麻切りを……」と、仲良く幸せそうに食べている。

「この二色もり。私たちみたいに、絶妙のハーモニーだよネ」

「止めは、十割そばの細打ちで、かけをください」

「よし、元気が出たぞ。次回は、何が食べられるか、楽しみ楽しみ」

「ありがとうございます。いつまでも健やかに」


（平成十六年八月）

暮夏の膳

玄関を入ると、台座が置かれている。

備中和紙で被い、その上には焼締めの壺がある。壺の中にはナンテンハギ、嫁菜、そしてトトキなどの春にご馳走した野草たちの花を活けている。まさに「花野」である。

「こんな紫色した美しい花をつける葉や木の芽をいただいたのかぁー」と、感慨深く眺めていると、人を包み込むようなやさしい音色が聞こえてくる。サン・サーンスの「白鳥」である。今日は、新築を祝って、チェロの音色とそばの香りを楽しむ会である。

孝行さ　大根で鮑を　ぶちのめし

焼締めの小鉢には、鮑《あわび》と若布、そしてそば粒が肩を寄せあっている。鮑は「祝い」の差入れ。甘汁で煮しめた鮑を、食べやすく切っている。小鉢に辛味大根をおき、醤油を少しかける。その上に、鮑、水洗いした若布、茹でたそば粒と、そばもやしを添えている。

「へぇー、鮑を大根で叩いているのですかぁー、だから鮑が軟らかいんだぁー……」

「にくい演出だね、『晩夏の海辺』っていう感じだよ」

食卓に焼締めの大皿が運ばれてきた。

紅花切りと御膳さらしなの「**紅白そば**」である。

「祝いそばの真骨頂だ！　品のいい紅色ですね。さらしなの白色も、雪のようで艶がありますね」

さらしな粉（四〇〇g）、紅花粉（一八〇g）を篩いにかけて、お湯（四〇〇cc）を一気に入れて打つ**生粉打ち**である。

「紅白そばは、香りよりも上品な色合いを楽しむものですね」

「よし、これで祝い気分が最高潮だ！」

チェロの演奏は、ドボルザークの「チェロ協奏曲」へ。

向付には、辛味大根が二カ所山積みされ、それぞれに醤油が少しかけられている。一つは、**みずの零余子《むかご》と芝海老の掻き揚げ**。もう一つには、**枝豆の掻き揚げ**がのっている。

「零余子の茶色、芝海老の紅、それに枝豆の緑が彩やかですね」

「空高く澄んだ秋の匂いがしてくる……」

小さくて、黒く丸いみずの零余子の独特のぬめりの感触と味わい。

「うんうん、さらに芝海老との結びつきがとてもおもしろい」

「忘れられない一品になるだろう」

そして枝豆は噛むと口の中に広がる緑《あお》っぽい甘味。この二つの掻き揚げの対比が「実におもしろい」。

「揚げ物の口直しです。みずのそば。これは、みずの茎と根をつかった和え物です」

みずの若葉は惜し気なくむしって捨て、やわらかい茎と赤味の強い根は、「とろ味があって、シャキシャキした歯ごたえがたまんない」、「爽やかな味わい」。

みずは、山蕗と同じようにスジを取ってサッと湯に通し食べやすく切る。これを、甘汁につけるとお浸しが完了。

御膳さらしなそばを小鉢に入れ、辛味大根とみずを入れて、

「は〜い、**赤みずのそば**」

いい月に　しばし雨戸を　開けたまま

今夜は満月。

止めは、**田毎《たごと》の月（月見そば）**。

秋の月は、さやけく清く仰がれるという。椀には、三角形に切った海苔を三枚に重ね、夜空に見立てている。その夜空に、卵黄が浮きあがっている。

「童話が抜けてくるような、明るくけがれない月（卵）に見えるよ」

そばは、もちろん御膳さらしなそば。

食べものは、太陽や大地、月のもたらす光、雨や風等の恵み。そしてお百姓さんの真心。単なるカロリー供給源ではなく、命を躍動させるエネルギー源なのである。

やさしく人を包み込むチェロの音色と共に、宴はつづく。

心からの笑みが術を生む。ゆっくり生きよう、そば屋の仕事は楽しい。

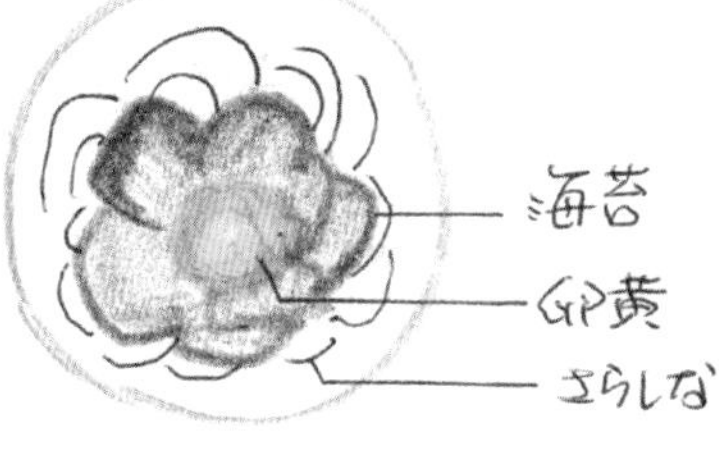
海苔
卵黄
さらしな

（平成二十二年八月）

明月よう 明月よう
すすきに 白萩 さらさら萩

白露

九月八日～二十二日頃

本しめじ

雨が木の葉をひそかに打つ音を聞くと、秋の声だなぁと感じる。

そば仲間の先輩が、「こんにちはー」と、やって来た。

新聞紙に差し入れを包んでいた。手にしただけで、ふぁーんと香りが周囲に漂う。その香りに心は浮き立ってしまう。

「しめじ一株」の御参上である。

お土産は　しめじの生の　よい匂い

石突きを削って、炭でじわじわと焼いたしめじ。そしてサッと湯に通し、サッと甘汁に浸したしめじ。それぞれを小鉢の御膳さらしなそばの上に添える。辛汁を少しかける。

ゆっくり椀を持ちあげ顔を近づけ、ため息まじりに眼を閉じる。しめじ一笠を口に入れてみる。先輩は「えっ」と一瞬、肩をすぼめ、身を引く。

「旨い、すごい味だよ。香り松茸、味しめじというが、なかなか香りもいいんだよなぁー」

「御膳そばの爽やかな甘み、切れ味もさすがだなぁー。

えっ……これ！　そば粉十割で打ったの？　さすがにそばが軽い」

そばの白さに映える、淡い灰色の**しめじの小鉢**。焦げがついたしめじの小鉢。

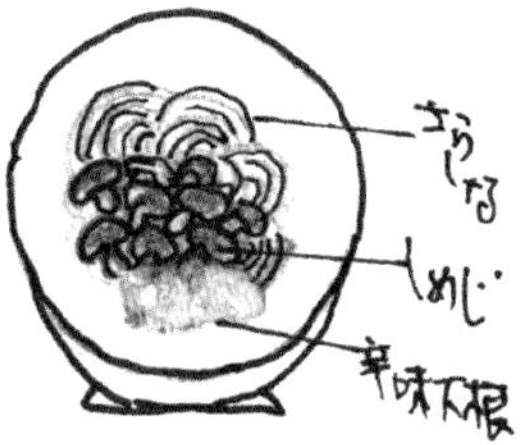

「どちらの味わいも、私の心を浮き立たせ、慰めてく

れるよ」

しめじほど、土くさくて山くさい食い物はない。松の木が露しずくをたらして、あんな妙なカビを生やすとは神秘的である。

薄いそば湯に甘汁を入れ、吸い物口として味を整える。しめじは、少し洗って生のまま汁の中へ。

「よく、豆腐を入れ清汁にしてますよねぇ、今日はそばがきを少し入れてみたのですよ」

「にくい演出だね。それに、しめじをざっくりと手切りにしているとは、より新鮮さを感じるねぇー。この味わいは、心の奥底にあるものを呼び覚ますようだ。とても楽しいよ」

岩茸は　ぞんざいに喰う　ものでなし

先輩の眼の前には土鍋が置かれている。炊きあがった雑炊の上に手で千切ったしめじをのせて、蒸したものである。蓋をとると、湯気の中よりたつ、しめじ一笠、一笠の香り。

「ちょっと一笠を……口では表現できない、この香り、味わい。殿様になったようじゃ、わっはっは……」

名も知らぬ茸に出会えて、それが美味しい時のあの感激。

「量はいらないんですよね」

「私も、うまいものは、大事に食べて欲しいと思って、少なめに盛りつけています」

「材料も工夫がないと死ぬか……工夫ひとつで味は輝くということだね、うん、しめじ一株で勉強したよ」

「止めに、**二八そば**が食べたくなったよ」

スルスルスル……。

そば屋の仕事は「木鉢と土たんぽ」。旨い汁と旨いそば。

そば屋の仕事は楽しい。


（平成二十年九月）

重陽の節供そば

陰暦の名月がすむと、「花野」と言われる秋の七草が咲き乱れる。虫も静かな夜を鳴き通し、過ぎた楽しい夜を思い出させる。日本の国土の豊かさと風雅を有難く思う。

よい節供で御座る　どなたも　菊の花

そば猪口には酒が、そして菊の花びらが浮かんでいる。

「健康で命生存《ながら》えることを祈願して乾杯！」

酒は、本醸造〆張鶴である。

「小高い丘に登ると、そこには一面のそば畑があるんだよ。風に光りながらしなやかに咲くその姿を見て、『今に、手打ちにするぞ、蕎麦の花』と……。もう何年も前の話だけど」

銚子に菊の花を挿し、酒をすすめながら、箸は三色のそばへ。

菊日和　心ゆたかに　日を過ごす

「ほぉー、菊の香りが仄《ほの》かにするんだぁー」

「湯練りした御膳粉に、**菊の花（白と黄色）と葉**を打ち込んでいます」

葉や花は、サッと湯に通し、細かく刻む。

「淡い黄色と緑色、そして白の三色」

「ほんのりとした菊の香り」

「十割そばのコリコリした腰の強さ」

「ウーン、贅沢だなぁ」

そばの巣に　芝海老葱と　洒落ている

「洒落たものが出てきたぞ」

深皿には、油で揚げたそばに、野菜を五目餡かけしたものがのせられている。筍、人参、椎茸を炒め、そこへ葛粉で粘りをつけた薄めの辛汁を加えてとろみをつける。深鉢に揚げそばを入れ、この五目餡をかける。細かく刻んだ葱、そして生姜を添えて。**そばの紅梅揚げ**。

「別名巣ごもりそばです」

「確かに、そばの巣ごもりだねぇ。そばの揚げ色もいいねぇー」

「これ二八そばですか、甘みがあって、やさしい香りと軽さ、そしてサクサク感がいいねぇー。野菜も芝海老も、とってもおいしいよ、贅沢だねぇ」

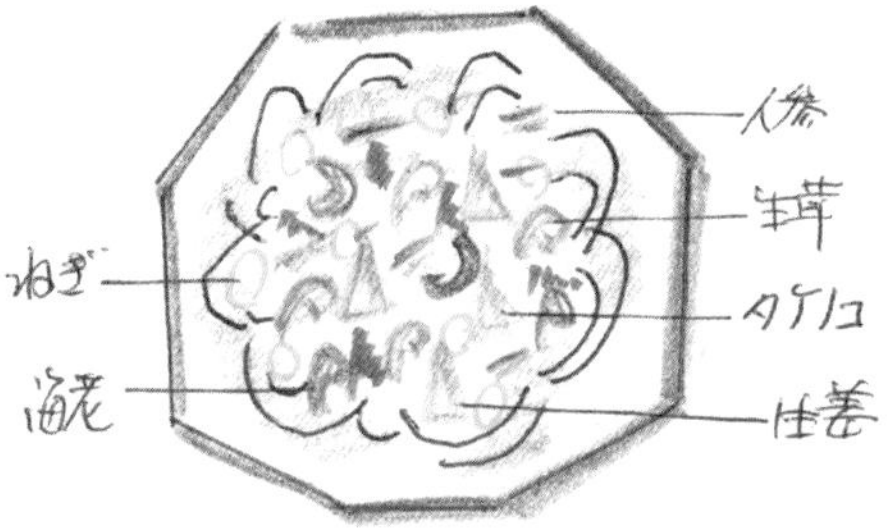

松茸に　ご無沙汰してる　鼻ばかり

「おおっ、贅沢の真骨頂が出たぁー」

椀の中には、小ぶりの**松茸**が一本入っている。松茸は、濡らした奉書紙に包んで焼いたもの。汁は、薄いそば湯に甘汁を入れ、味を整えている。

「うん、うん、いい香りだ。秋の味覚はこれだよ。松茸を薄く裂いて食べるなんて情けない。痩我慢をしてでも丸ごと食べなきゃ。それにしても、いい姿だなぁ……食べると、歯ごたえのある繊維質の束にすぎなくて、味らしい味はないけど……うん、うん、いいお姿だ。うーん、いい香り」

そば屋になってよかった。

（平成二十一年九月）

そば焼き

客へ出す　もりそばきっと　かしこまり

「もり一枚」と、落ち着いた客の声。

「そばのお好みは？」

襟元をただしながら、「お任せします」と平静そのもの。

この短い時間内に、客の好み、思いを探る。この緊張はなんともいえない。

「お飲みものは?」と、うながし緊張の糸をほぐす。

「酒……」

酒は本醸〆張鶴。肴はそば味噌である。そば味噌は、時間をかけて甘辛く練り上げた味噌に、炒ったそば粒を和えたもの。そば粒が歯に当たり砕けると、その香りが口いっぱいに広がる。練り味噌とそば粒。

「なんともなつかしくもうれしい味わい」である。

そばがきを　命限りに　かきまわし

粗く挽いたそば粉でそばがきをつくり、木しゃもじに貼りつける。その表面を包丁の背で刻み目を入れ、火に当てる。多少焦げ目を付けてから醤油で付け焼きをする。醤油のせいか、そばがきが焦げる香ばしさが鼻につき、たまらなく旨そう。

「まだかな……、食べたいな。早く焼けないかな……」

鼻はクンクン。腹はグウグウ。

「おまたせ！　**そば焼き**の出来上がり」

いきなり鼻をよせ、香ばしさをたっぷり嗅ぐ。醤油とそばの香りが溶け合い、辺り一面プンプン漂う。醤油の焦げ目が香りを一層引き立て、酒をすすめる。

そば焼きを一箸口に入れてみる。醤油の香ばしさとそばの甘み。表面のパリッとした歯ざわりと中身のやわらかさ。なんと深みのある味なのか。

「ウーン、まいりました」

なぜか酒をうながす。

「酒……」

そばを焼いただけなのに香り、口あたりがよく、そしてあと口がさっぱりするのも憎らしい。そばがきをした小鍋にそば湯を入れ、縁や鍋底についたそばをきれいにする。そこに、甘汁を入れて味を整え、茹でたそば粒を入れ温める。お椀にうつし、甘汁で味付けをしたとろをのせ、おろし柚子を添えて、

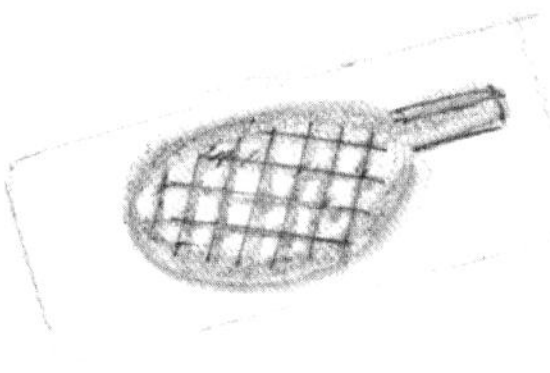

「**そば粒のとろろ仕立て**です。寿命を延ばすのに、これ以上の食物はない！といわれています」

「やさしい味わいですねぇ。そば湯をベースにしたそば粒とろろですかぁ。まいりました。糖尿病の私にとって、最高の幸せを感じるところです。そばは心の広い、奥深い食べ物なんですねー」

味噌、醤油、そして蕎麦。まさに郷愁感溢れる感動の世界である。

仕上げの**二八そば**は、辛味大根をからめながらスルスルーと一気にすすり込む。サクサクした歯ざわりがたまらない。酒の仕上げに、腹の仕上げに、生き返る爽やかさである。

そば湯にねぎをたっぷり入れる。

「ウーン、旨かった……」

「ありがとうございます」

そば屋になってよかった。

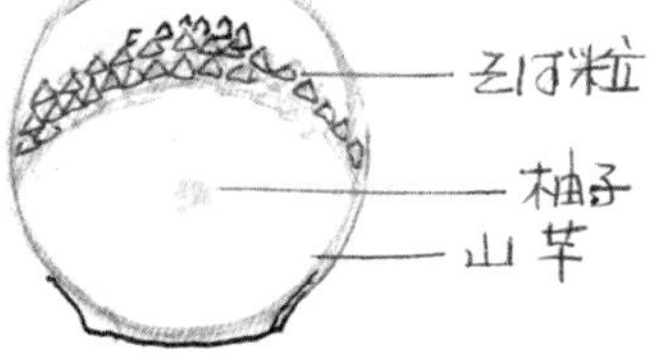

（平成十八年九月）

金ぷら

残暑も和らぎ、夕暮れの風が秋の香りを運んでくる。

「今晩は。また来ましたよ」

「まずは、酒にしましょうね。今日の肴は……**葉山葵**ですよ」

「お願いしますー。うれしいなぁ、葉山葵漬けは好きなんだー」

ニコッと、笑顔が返ってくる。

ツーンと鼻にきたのか、二本の指がこめかみに急ぐ。

「おいしいー。よく効いてますねー。そば屋さんは、どんな漬け方をするのか知りたいなぁー」

「包丁で葉と茎を細かく叩いて傷を入れ、塩でしっかりもみこむ。涙が出てくるまで。それに熱湯をかけ蒸らし、袋に入れてよく振るんですよ。あとは辛汁に漬けると、ご覧の通りです」

さて、もう一品は。

めでたさも　悲しさもあり　菊の花

御膳粉に卵黄を加えて溶き、榧《かや》と椿の油で揚げるとふぁーとした軽さで仕上がる。これが、**金ぷら**である。名残りのカボチャ・オクラ、旬の茄子・隠元、そして菊の葉――それぞれが、そばの風味と甘みに包まれて揚がってくる。

「このパリパリ感、そして軽やかさ……おいしいなぁー」

「黄色、緑、紫と、自然の色合いにコロモの黄金色が色を添えて、いいですね」

「そのまま食べて美味しい。へェー、江戸時代（文政年間）にあったのですか」

ニコッとして、「お酒、もう一杯ください」。

うれしい心を顔全体に現す人だ。

自分の才能に執着しない人は、よいものを選ぶ心を常に用意しているという。だから、無限に外の知恵というものが入るので、一つ癖に陥りにくい。古今東西のよい例をはじめ、いろんな物を素直に観て吸収（肉化）するのである。

「おしまいに、**二八のもり**をお願いします」

辛味大根をそばの上に散らし、小気味よく「スルスルスルー……」。

そば湯を飲んで、

「ごちそうさまでした。では、また来まーす」

根っからまじめな紳士だ。

当地での仕事は数年であろうが、明るく楽しく「いつまでも健やかに」。

（平成十六年九月）

陰暦八月・涼《すず》風《かぜ》至《いたる》

夏の空をおおっていた入道雲が姿を消すと、空は高く何処までも澄みわたる。日脚も少しずつ短くなり、爽やかな風の訪《とぶら》う朝夕になる。ひんやりとした冷気が加わり、人々は秋の訪れを感じる。

旧暦八月一日は「田の実の節供・八朔《はっさく》」である。

男は、採り入れたばかりの稲を土器に入れ、知人などに贈る準備をしている。豊かな実りを祈願するために、主家や親しい人などに贈って祝うのである。女は、鎮守様へ出かけ、酒宴の準備に忙しい。

間近の台風の時期を無事に過ごせるように、鎮守に集まって祝う。酒を酌み交わし、唄い、農作業の安全と互いの調和を図る。

燭台の中央には、大きな花器が置かれ、薄・女郎花・萩が無造作に投げ入れられている。その側の竹籠には、収穫されたばかりの桃・梨・柿・ぶどうが山積みされ、そして日本酒も三〜四本。男も女も、伐り倒した丸太に腰をかけ唄っている。

「この生姜……香りが強くて旨いぞ」

新生姜の皮を剝き、太さ三㎝、長さ五㎝ぐらいに切り、水に晒してよくアクをぬく。それを一煮立ちさせ、笊にあげて水気を切る。

次に、たっぷりの薄めの甘汁に入れて、中火で煮つめる。

「この**生姜の佃煮**は噛みごたえがあり……爽やかで、口の中は快い」

「こっちの里芋だって淡い味だけど、粘っこく、コクがあり、うまいものだ」

小粒の里芋の皮を剝き、塩をふりかけ、笊に一時間程放っておく。よく水洗いして酢を入れたたっぷりの水で煮る。煮立ってくると、水を替えてまた茹でる。「これで、里芋のぬめりはとれますよ」。あとは、落とし蓋をし、薄い甘汁でゆっくり煮る。

「小鉢に、**里芋と切干大根の煮〆**なんて、いかにも、農家の賄いって感じだねぇー」

「この**里芋の田楽**は野趣感たっぷり。しかも上品で甘味があって旨いね」

この田楽味噌は、そば味噌を味醂で溶いたもの。里芋を串刺しにして味噌で焼いただけ。まず、串に刺した里芋を焦げないぐらい焙《あぶ》る。味噌は、刷毛でぬり、少し焦げるぐらいに焼く。

「味噌の香りもいい、里芋のほこほこ感と甘みもいいなぁー」

「田楽って、すごく身近で親しみを増す食べ物だよね」

「さて、今日はお祝い。酒の仕上げに、海老真薯をつくりましたよ」

「この汁は、あっさりして、やさしい味わいだね」

「薄いそば湯に甘汁を入れただけなんです」

椀の中は、薄い色合いの汁に、うこん色の**海老真薯**が鎮座している。あっさりした味わいなのに、海老真薯が汁にコクを出している。

「旨い！」

海老を包丁で細かく叩いて、そこへ泡立てた卵黄とおろした大和芋を加える。手で、しっかりもむように混ぜ、胡麻の風味をつけた油で揚げる。一口噛んだ瞬間、

「海老の香りがふぁーと口に広がり、アー夢心地だよ。満足、満足……酒が欲しいよ」

止めのそばは、**青柚子切り**。

御膳さらしな粉の生粉打ち（四五〇g）に、青柚子（一個五〇gの青柚子をおろし金ですりおろす）を入れている。やさしい緑の色合いと、柚子の斑点のある細打ちそば。淡い香りと、そばの甘みが口の中に広がり、とても爽やかである。

「よし、身も心も準備万端。秋の収穫が楽しみだ」

一つの道は険しく遠い。そば屋になってよかった。

（平成二十三年九月）

秋分

九月二十三日〜十月七日頃

おかめそば

秋気が心に染まるということは、移ろいの姿を心に刻むことなのか。

九月は、温度の差が激しい月である。「新涼」から「やや寒」、そして冷気が身にしむ「夜寒」を迎える。

独り寝の　肩から冷えて　くる夜寒

「お酒を飲みながらそばを味わう。う〜ん、なんて粋なこと！」

先輩に連れられ暖簾をくぐって、

「もう三年になるんだよねー」

「店に来る二、三日前から気持ちがドキドキしちゃって、今度はどんなお酒が？　どんなおそばの料理が？　なんて。落ちつかないんだもん」

まずは、**そば粒のおろし和え**。

しめじとそば粒は茹でてから、薄めの甘汁に浸し味をしみこませる。醤油をおとした辛味大根を下地におき、その上へ盛りつける。白い大根の上に、土臭いしめじと、淡い緑の新そば粒。そしてそばもやしの緑と赤。器の中は「小さな秋」といった風情である。

「しめじがこんなに甘くてやさしい味をしてたなんて、知らなかった。それにそば粒のやさしい甘みが気に入っちゃった。明日、会社のみんなに教えちゃおうっと。みんな悔しがるよ、きっと……」

「辛味大根は、旬の物がもっている旨みや香りを引き出す名人さんです」

松茸の　値にはふれない　しめじ飯

「あらっ、丼に蓋がのっかってる。中身が気になるなぁー。わっ、かわいい。私の顔が映ってる」

「蓋をとった時に、ユーモラスなおかめの顔が出てくるという洒落っ気が、江戸っ子らしいでしょう」

島田湯葉を蝶型にむすんで両眼をつくり、薄切りにした松茸で鼻を作る。その左右にはカマボコが、下に向かって開くようにおかれ、下ぶくれの形を見せている。さらに、おちょぼ口を椎茸でつくって愛嬌を出している。

「松茸と島田湯葉が主役で、男と女の縁組を表すめでたいものなんですよ」

お酒でひと息入れながら、

「何から食べようか迷ってしまうわ、う〜ん、一番目はカマボコで……松茸は最後にしようかな」

口に入れるたびに一喜一憂し、食べて、飲んでしゃべって、時が過ぎていく。

「すっごい……信じられない……こんな味……」

一つ一つ全身で感動を表しながら、

「私、なんでも無心になっちゃうの。だから仕事だって速くて正確なのよ」

松茸の香りを、思いっきり嗅ぎながら汁をすする。

「あ〜あ、まんぞくまんぞく。うふふ、みんなに自慢しようっと」

（平成十九年九月）

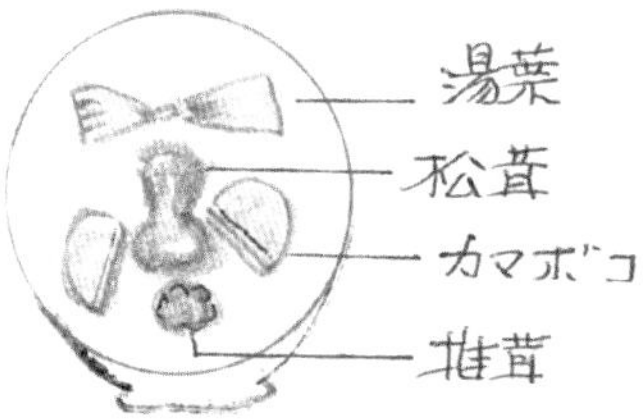

爽涼の膳

辛味大根をおろし、**明太子**の中に入れてよく混ぜる。それを小鉢に盛り、揚げそば粒を添える。

「朝焼けのように輝いている。明太子の鮮やかさを、箸でこわしたくないなぁー」

しばらく見て、まずは、「ぐい呑みで一杯っと」。

「よしっ…」とばかりに、箸に明太子を少しのせ口もとへ。

口もとが弛み、嬉しそうに目を細める。

腕を組み、しばらく沈黙し、おだやかな顔で、

「いいねぇー。辛みがやさしくて……旨い。明太子の卵が、ひとつひとつがまろやかな味わいだよ」

この明太子は、すけそうだらの卵巣を塩水につけ、塩タラコにして調味液につけこんだもの。調味液は、水・昆布・カツオ節、味醂、そして唐辛子でつくっている。

「うん、うん。塩辛さや苦みがなくて、あと口がとても爽やかだよ」

箸先に明太子をつけては口もとへ。次は、ぐい呑みを口へ運ぶ。

そこへ、草むらから、

「チンチロリン……」

「リーン、リーン……」

鈴虫に　今日の疲れを　いたわられ

秋草は、それぞれが目立たず、風に揺れながら凛然《りんぜん》として咲く。春のような華やかさはなく、どこか儚《はかな》さが漂う。それは、移ろう時の無常を人に感じさせる。

伐り倒した大木に腰を掛ける者。茣蓙に座り込み、足を伸ばす者。小高い丘の林のふちの草むらで、「虫聞」と「そば」の宴席は、真っ最中である。

「リーン、リーン」

「ギーッチョン、ギーッチョン」

ふるさとは　いいな虫の音で　酒を飲む

「うぉー」と、歓声が上がる。大鉢、木箱、そして竹籠が運ばれてきた。

大鉢には、御膳さらしなそばが盛られ、甘酢で味をつけ、よく水切りされている。木箱には、多くの小鉢があり、短冊に切った大和芋、薄めの甘汁で茹でた大正海老。甘汁をたっぷり使った玉子焼き、辛汁と辛味大根で味付け

した納豆。煮切った酒と辛汁で味付けしたオクラ。焼いた葱。炒めて辛汁をからめた葱等々が盛られ、竹籠には、焼海苔、紫蘇の葉、山葵が入っている。

手巻きずしを、お好みにして楽しんでください」

焼き海苔に、紫蘇の葉を敷き、玉子焼・クレソンをのせ、

「玉子巻き！　うん、うん」

海苔に紫蘇の葉を敷き、そば・海老・クレソンをのせて、

「海老巻きだよ」

海苔に、そばをのせ、山芋・納豆・オクラを包み、

「ネバネバ三兄弟巻きだぁ……旨いなぁー」

「次は、海老と葱の組み合わせだ」

つけ汁は、甘汁と辛汁を同割にしたもの。

賑やかに、楽しく、宴は盛り上がっている。

「コロコロコロリー」

「リッ、リッ」

「陽が傾きかけると、秋風が身にしみてきますね」

卓上コンロに土鍋の登場である。

「**そば雑炊**ですよ」

「あったまりそうですねぇー」

「旨い！　この汁って……爽やかな味わいにもコクがあるのは、何を使っているのかなぁー」

「鴨と葱を炒め、さらに鴨のつみれも入れてます」

「そば湯に甘汁を入れて味を調整しているのも隠し味かも……」

「汁で酒が飲めるわけだ」

鍋には、椎茸、隠元、蓮根、牛蒡、葱、そして大根菜をたっぷり入れている。

「具がたくさんあって楽しいなぁー」

「ギーッチョン」

「リーン、リーン」

虫は、深く深く自然《いのち》思えと秋を鳴く。

人は、そばと酒を楽しみ、生きる悦びの声をあげる。

心からの笑みが術を生む。ゆっくり生きよう。そば屋の仕事は楽しい。

（平成二十二年九月）

月見そば

満ちかける月を眺めてその折々の感慨にふけることは、遠い昔からあったことだろう。

それぞれの　思い出仰ぐ　月ひとつ

縁側には大きな籠がおかれている。その中に茄子・冬瓜《とうがん》・牛蒡や隠元豆等の野菜、そして栗や柿といった果物も山盛りにしてある。花瓶には、薄《すすき》が無造作に投げ入れられ、その横手に竹箸とそばの入った重箱がおいてある。

十六夜　醤油のこげる　かざ《（匂い）》がする

台所では、「ピチピチ音がするまでしっかり練るのよ！」と、粗めのそば粉で**そばがき**を作っている。このそばがきに、ねぎ味噌を包んで団子にして、それを醤油で**つけ焼き**する。七輪に金網をのせて、

「網を少し熱くしてから団子をのせるんですよ」

醤油とそばの焦げる香りが、澄み切った秋の夜を包み込む。

「ウーム、なんともいえぬこの香り、たまらないねェー」

紫蘇の葉を敷きつめた竹笊に山盛りして、

「おまたせェー」

月を誉め　又新そばの　味をほめ

月の光、星の輝き、薄のざわめき、虫の音と、自然の風物が爽やかに縁側を包む時、

「あったかいそばはないですかァー」

「はァーい、**田毎《たごと》の月**ですよ」

かけそばに浅草海苔を四角に切って田になぞらえ、その真ん中に卵の黄身を落としたもの。そばはもちろん、そばの芯粉十割で打った淡い風味と甘みのある御膳そば。カツオ風味のかけ汁に、そばの絶妙の歯触りがたまらない。

そばを玉子に絡ませ「スルスルスルー」。

そばを海苔で包み込み「スルスルスルー」。

「月が曇ってきましたよー」

「田毎の月」に卵の白身を添えて雲をかたどり、

「どうです、おぼろ月夜。なーんちゃってェ」

月を誉め「田毎の月」に舌鼓を打ちながら……。

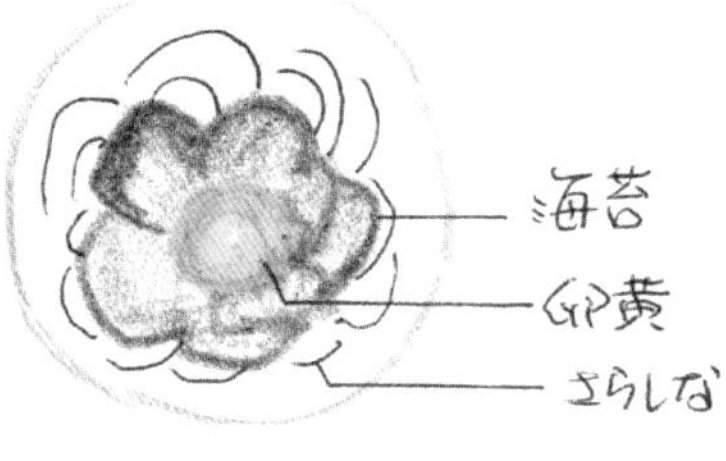

村夜　白居易

霜草蒼蒼蟲切切　（霜草は蒼蒼《そうそう》として、蟲《むし》は切々《せつせつ》。）
村南村北行人絶　（村南村北、行人《こうじん》絶ゆ。）
独出門前望野田　（独り門前に出でて、野田を望めば、）
月明蕎麦花如雪　（月、明らかにして、蕎麦《きょうばく》の花、雪の如し。）

（平成十七年九月）

寒露

十月八日～二十二日頃

田舎そば

川面に映る薄。広い丘にひろがる薄。夕焼け色のキャンバスで風に吹かれてきらめいている。薄のゆらめきの中に、深まりゆく秋の声を聞く。

明け方に　布団を探す　秋の冷え

夕暮れ時の忙しさが一段落して、ほっと一息ついているところに、おだやかな顔の二人組がやって来た。

「また仲良しコンビで来ましたよ。今日も〝そばで一杯〟お願いします」

壁に貼り付けた「**新そば**」のビラを見つけると、

「えっ、もう入ったのかね。『そばの花が咲いたら熟柿が食べられる』というが……もう秋深しなんだよねー」

二人とも、遠い昔日の子どもの頃に心を馳せているのだろうか。感慨深げに腕を組み、眼を閉じている。

「母は、よく石臼でそばを挽いていましてねェー。私が学校から帰ると、丼にそば粉を入れ熱湯をかけて箸で掻きまぜるのです。『千回掻くと鶴の味』と言って、汗をかきながら、ピチピチと音がするまで掻いてつくってくれました。私にとってそばがきは、生涯忘れられぬ味として焼きついていますよ」

はやわざに　力かぎりの　そばをかき

「はい、**そばがき**ですよ」と、雪平鍋を眼の前におく。鍋の中には、うっすらと緑がかったそばがきが、湯気を出しながら、ふあーと甘い香りを漂わせている。

「まってました！」と、手をすりあわせ顔をくずしながら、「ああ、この香り、この香り、なっつかしいなぁー」。

辛味大根に醤油をおとし、勢いよくつけて食べると「うまい！」。互いに競うように箸がおどる。

「昔のものは、もっと粗くて黒かったよ。そば殻が入っていてジャリジャリする時もあって……でも、香りはよかったよなぁー」

「節供になると、そばを打っては親戚中に振る舞ったものですよ」

「ブツブツ短く切れたそばで素朴だったなぁー」

「そうそう、箸では食べづらくて匙の方がよかったねー。ワッハッハー」

たんざくの　まじった所が　手打也

「おっ、これは強くてたくましいそばだね」

「そばを粗めに挽いて、お湯で打った**十割太打ちそば**です」

「この歯ごたえがたまんないよ。そばに角があり、折れ曲がらないところがいいねェー」

「うん、噛めば噛む程……甘みが出て旨い！　もう四十〜五十回は噛んでるよ。う〜ん、あごがだれるよ」

「噛む程に、口の中に広がったそばの甘みと香りが、頭の中を突きぬけるようだ。まさに『そば』って感じだよ」

「少しお酒をいただけますか」

「やぁーっ、おいしい。スーッと体の力がぬけて……落ちついちゃった」

「大将（店主）の人柄が、そばに出てるんだろうね。噛めば噛む程味わい深く、うれしいおいしさだよ」

懐かしい想いを肴に、酒もはずむ。

「まんぞくまんぞく、今日もいい日をありがとう」


（平成十九年十月）

振舞そば

「長雨や日照りの時期もあったが、作物はよく育ったものよ」
「そうそう、今年は台風も多かったなぁー」
春から夏、秋と、田畑を守ってくれた山の神は、冷えを覚える頃「山入り」をする。村人たちは、山へ帰る神にその労をねぎらい、お礼の振舞いをする。庭では、男たちが藁を太く束ねたり、壁に案山子を立てかけながら「刈り上げ唄」を歌っている。

♪わたしャヨー　あなたのソリャそばがよい♪

筵《むしろ》の上では、石臼が唄にあわせて、ゆったりゆったりと廻され、辺り一面にそばの香りが漂っている。

「オーイ、粉が挽けたどォー」

台所では、女たちがそば打ちをする。清めには、そばは欠かせないのである。挽きたてのそば粉をお湯で練りサッと団子にし、あっという間に伸ばす。それを、トントントンと調子よく包丁で切る手際のよさ。

そば切りの　上手と聞けば　恋しくて

そばがきは、しっかり練ってやわらかめにネー」
小鍋に湯を沸かし、そば粉を入れる。充分に練ったそばがきを小皿の縁を使って半月状にして、片面にハチミツをつける。そして、黄な粉をたっぷりまぶす。
「はい、**そばもち**ですよォー」
囲炉裏端では、田植えをはじめ農作業を手伝った人たちが招かれて、暖をとっている。

団欒の　心とけあう　いろりの火

神棚に新そば、そば切り、そばもち、そして小豆御飯を供え、刈り上げの祝いを行うと、まずは酒。「そば前」である。

囲炉裏の**寄せ鍋**には、葱、白菜、椎茸、そしてコンニャク、豆腐が所狭しと入ってぐつぐつ煮立って「うまそうー」。

「そばがきを入れましょうか」

「これが、うまいんだよなァー」

地鶏でとった出汁のコクがそばに絡む。これを醤油が入った大根汁につけると「もちもちして、甘くておいしいなぁー」。

「山芋が入ったもちみたい」

途中の酒「中割」を少したしなむ頃、

「そばですよォー」

挽き立て、打ち立てだから旨いのか。酒がそばを引き立てるのか。

「はーい、おかわりィー」

最後の酒「箸洗い」の頃になると、酒とそばで腹も心も落ち着き、

♪いやなお方の　新そばよりも　好いたあなたの　無理がよい♪

（平成十七年十月）

鴨せいろ

「鴨、水にあそび居る。うしろから葱一手流れていき、鴨の尻へあたりければ、鴨ふりむき『おお、こわ』」

フライパンに胡麻油を落とし、火にかけるとジューという音とともに香りが広がる。そこへ、ブツ切りした鴨肉を入れ、焦げ目が少しつくくらいまで火を通す。さらに、短冊に切った白葱も同じく炒める。

薄めの辛汁を温め、その中へ鴨のつみれ（鴨の脂身と小骨を包丁で細かく砕いて団子にし、味付けしたもの）を入れ、さらにフライパンの鴨肉と葱を加えて**鴨汁**が完成。

芹の上　鴨昼寝して　うなされる

鴨と葱はつきものだが、芹とも切り放せない。胡麻油の香り、白葱の甘み、鴨肉のコクのある旨みによってかもし出された鴨汁の重厚さ。これに調和できる青味は、味の深い芹しかない。

さらに、この鴨汁にはどんなそばがからむか。もちろん、**十割そば**。粗く挽いたそば粉で**太目に打ったそば**である。かたく、粘り強く、そしてコクのあるそばだから重厚な鴨汁によく調和する。まさに絶品である。

これが江戸（通人）好みの粋な食べもの、なのである。

食べ方にはルールはないが、いきなり鴨汁にそばをつけて食べるのは不粋。ではどうする!?

まずは酒を少しばかり。やはり筋である。

次に、焦げ目のついた葱を一口。なんともいえぬ葱の甘さよ。油断すると汁がとびだしヤケドをするぞ。フウフウいいつつ視線を鴨肉へ。やはり冬場で脂がのっている。ブツ切れでも軟らかい。食べごたえもある。

そばの乾きを横目で見ながら、そばから水が切れたかな、という頃合いで汁をつける。

「うまい」

汁に温かみがあるうちは葱の甘みがあり、冷めた汁には辛味がでる。だから水切れのそばの甘みが辛みの汁にからんだ時、旨さは絶品！

「こたえられない」

さらに、この鴨汁に**そばがき**をつけ込んで食べる。これまた抜群。

「にくい！」

うまい酒と鴨と葱。そして汁と太打ちそば。

そば屋になってよかった。

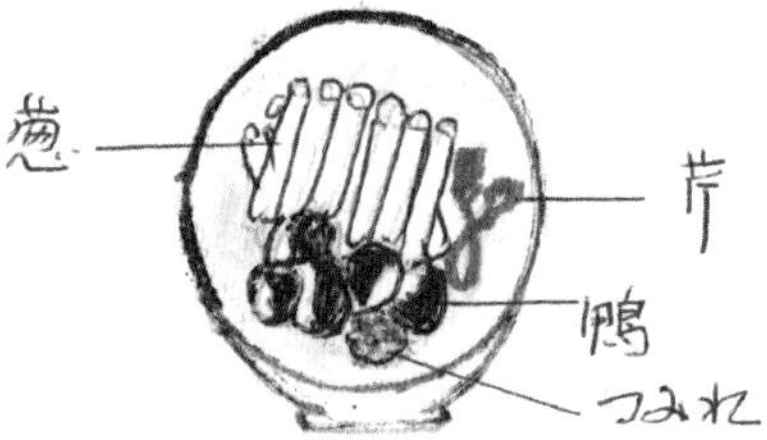

（平成十八年十月）

陰暦九月・鴻《こう》雁《がん》来《きたる》

冬の訪れを前にした、秋の草木の美しさは「もののあわれ」を感じさせる。薄、桔梗、萩と、群れて咲いても、華やかさはなく、どこか儚さが漂い、移ろう時の無常を感じてしまう。

旧暦九月十三日。

「神棚に、赤飯、団子をあげましたか?」

供物をそなえて月の出を待ち、月を拝み、お食事を楽しみながら月を祀る「月待ちの日」である。

囲炉裏端に女性たちが集まって、

「ねえ、ねえ、満月の三日前(十三夜の頃)の野菜や果物が、瑞々しくておいしいって、知ってたぁ……」

話題は、月より団子である。

一の鉢には、**馬鈴薯の田楽**。きれいに洗った馬鈴薯を茹で、皮をとってうら漉しをする。塩を少しと小麦粉(馬鈴薯の量の一割程度)を加えよく混ぜ合わせる。それを、親指の頭ほどの大きさに丸めて茹でる。

「浮いてきて、透きとおる感じになったら冷水へ」

串に団子を刺して少し焦げ目を付け、タレ味噌を塗って焼く。そば味噌を味醂でゆるめに溶き、さらに生姜汁を少し入れたタレ味噌をたっぷりつけて焦げ目を付けて焼く。

「みたらし団子みたい、ふぁーとやわらかいし、味噌に艶があって……女の子は喜ぶわ」

「味噌の甘み、馬鈴薯のもちもち感がとても気に入ったわ。私の肌みたいに艶っぽく粘っこく、そしてピチピチしてるわ」

「微かな生姜の香りがとても心地よく、味噌の強さをやわらげているのね。後口がとても爽やかよ」

次の鉢は、**湯葉の旨煮**。

「とろっとした甘い舌ざわりと、大豆の香りが口の中に広がる……。こんな湯葉って初めてよ」

出来立ての湯葉に、茹でたそば粒を包み、そして葛粉を入れてとろみを付けた甘汁を湯葉の上にかけている。湯葉には、そばもやしが添えてある。

「甘汁の辛みが、湯葉の甘味を引き立てているのかぁー」

「口あたりがとてもやわらかく、おいしいわ。湯葉を食べると大豆の香りがするの……。そば粒の甘味とのバランス、お見事よ！」

三の鉢には、**天ぷら**。

薬味皿には、辛味大根と醤油。そして塩も用意されている。零余子《むかご》は、緑々《あおあお》していて「食欲をそそるわ」。

採りたての瑞々しさは、艶やかな色合いだけでなく、

「歯で噛んだ時の香りが広がるでしょ……そう、そう……あの香りよ。山芋の、うん、うん……うれしくなるの」

「おお麗しき枝豆よ、緑々して艶っぽい。さすが、丹波産だわ」

「口の中は、もちもち感、甘み、そして香りがたまんないわ。さすが『豆名月』の主役だよ」

「零余子、枝豆、そして栗の天ぷら。私にとって初物なの。楽しいわ」

「栗の表面はカリッとしていて中はホッコリとやわらかい。栗って、おいしいのね」

栗は鬼皮を剝いで、渋皮の表面にある綿毛を布巾でぬぐいとる。これを低温の油に入れ、だんだん熱を上げて揚げる。すると、じっくり中まで火が通り、カラリと揚がる。

「季節の物って、一つ一つ噛むたびに、甘み・香りを感じるよね。もちもち感があったりと、これが自然の新しい命なんだ、と感じながら……つい、食べすぎちゃうの」

止めのそばは、**月見そば**。

御膳さらしなのかけそばに、浅草海苔をのせ、卵黄と三つ葉、そして柚子を添えてある。

「さらしなそばを土台にして、海苔で夜空を、卵黄の月、薄の三つ葉、そして柚子の香りで秋の気配を演出しているわけだ」

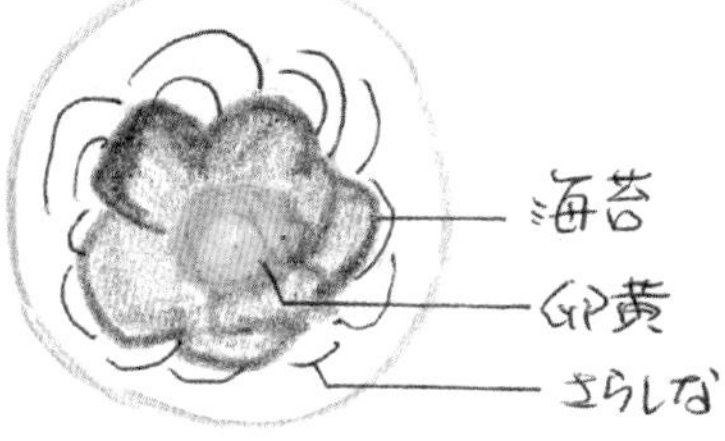

「『見るだけで　楽しい秋の　十三夜』……か」
「食べて十三夜を壊したくないですね」
一つの道は険しく遠い。そば屋になってよかった。

（平成二十三年十月）

ねぎ味噌

十月も半ばを過ぎると、そろそろ新そばの便りが各地からやって来る。そばの実は、厳しい自然の中を生き抜いて、一粒一粒しっかり実っていることだろう。

「こんにちは」

遠来の客が暖簾をくぐる。

「今日の講義は終わりましたから、時間はたっぷりあります」

「では、山で生活を支えていた山人の世界……ちょっと大げさかな？　今日は囲炉裏端での酒とそばを楽しみましょうか」

「いいですねえ。豊かな自然はもちろん、豊かに湧き出る温泉につかって、地酒を飲みそばを味わう。山里の料理も大好きですから」

久しぶりの来店に声も明るい。そば味噌を肴に、一合の酒もあっと言う間に消えている。

砂糖・味醂と辛汁で味付けした赤味噌を、二時間程練ると艶が出てくる。その中へ炒ったそば粒を混ぜると、**そば味噌**の出来上がり。これに、さらしねぎを添えた**ねぎ味噌**は、

「なんとも心にくい味わいですね」

粗く挽いたそば粉でそばがきを作り、うすくのばし、ねぎ味噌をのせて食べると、

「うむーん、味噌の強さかなぁー、そばのやさしい味わいがいいですねー」

次は、そばがきを田楽串に刺して、ねぎ味噌をつけて焼く。

「うむーん、少し焦げた味噌の風味、そしてそばのやわらかさがいい」

旨いものを口にすると、酒のピッチもあがる。

「お酒を！……うむ？　この香ばしさは何ですか」

炭で焼く　餅で情けを　とりもどす

金網の上では、**そばの焼餅**が醤油でつけ焼きされている。そばがきを皮にして、中に砂糖を混ぜたぐみの実を入れたものと、ねぎ味噌を入れたものが、まんじゅう形にしてある。

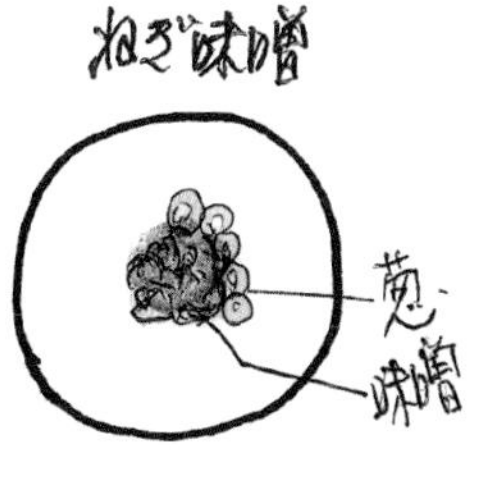

「ふーっ。そばの香ばしさもいいが、醤油で焦げたところがなんともいい。うむ……ん、お酒を誘いますすね」

「この焼餅を、銀紙に包んで囲炉裏の焼灰の中へ投げ入れる。その焼灰にそば殻を使うと、雰囲気が最高ですね」

「囲炉裏を囲み、その日のことをゆっくり語りながら飲む。いいもんでしょうね」

仕上げは、粗挽きの**十割太打ちそば**。辛味大根と醤油で一本一本を噛みしめる。香り、甘み、そして歯ごたえが「なんとも懐かしい」。

「山人は豊かな自然の中で、いい酒、いい山の幸を口にし、そしていい空気を吸っているのですね。さぁ、帰って講義の予習をしましょう」

「先生、飲みすぎに気をつけて、いつまでも健やかに」

（平成十六年十月）

霜降

十月二十三日～十一月六日頃

銀杏

「今、銀杏は、実を大地に返しはじめています。一緒に、自然の中で深呼吸しませんか……」

そんな便りから数日後、「そばが食べたくて……山の秋を少しばかり」と、山の芋、零余子、銀杏、そしてひら茸を手にしてやって来た。

気短かな　男が掘って　短か芋

小鉢には、おろした辛味大根に少しの醤油が添えられている。その上に、短冊に切った**山芋**と、茹でたそば粒がより添うように……。山芋もそば粒も、甘汁に少し浸け、やさしい味に仕上げている。

「山芋のサクサク感がたまらんねぇー」

「そば粒がやさしく、甘く、そして柔らかいねぇ」

「これすごい、健康食。力が涌いてくるようだ」

「家でもできそうだ」

二人は仲良く箸を走らせている。

すり粉木の　渦へ山芋　いいねばり

「わぁー、おいしそうな天ぷらだねぇー」

竹笊には、**零余子**の掻き揚げ、串にさした銀杏、そして海苔で包んだ山芋、青紫蘇で包んだ山芋の天ぷらが並んでいる。

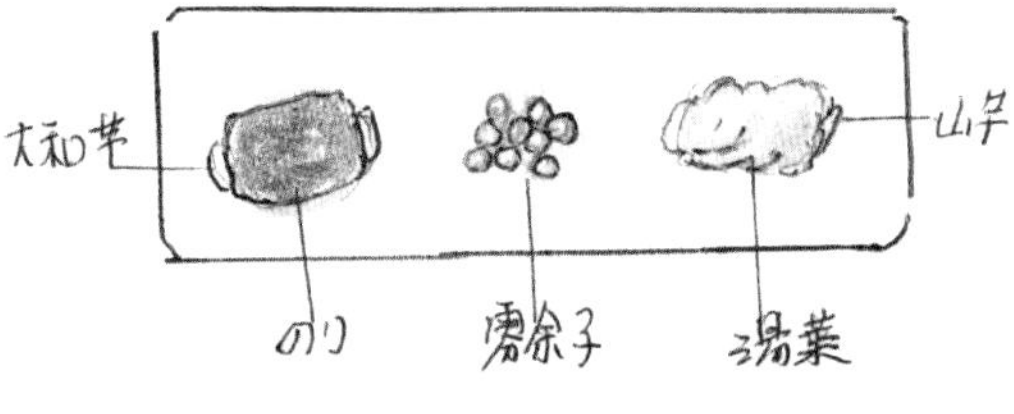

天つゆにつけて食べると、

「山芋って、もちっとして、ふんわりしてるね。天ぷらにすると一層甘みも香りも出るんだぁー」

「口の中で、ふあーとやさしく、とろけそう」

天つゆは、甘汁を温め辛味大根を添えたもの。

「おっ、銀杏もいい感じだ。香りより粘りが心地よい。うん、うん」

「零余子だって、ほこほこして里芋みたいだ。御先祖様の心のやさしさを感じる」

「山野が生むもので同一の食べものはないと思う。〝うちの畑風〟に、物の性質をまげて慈育する。だからその土地、その土地の顔と味をつくりだすのだろう」

秋日和　夫の取った　零余子めし

小鉢の**御膳そば**には、少しの辛味大根に、零余子、そして**ひら茸**を添えている。

「これ、おしゃれねぇ、零余子の硬さが微妙ねぇ、噛んで広がる秋の香りってとこかな。きのこは焼くと香り満点だね」

零余子とひら茸はフライパンで焼いただけ。辛汁を少しかけて、御膳そばと和えて食べると、

「秋深し。香りと味わいに元気もりもりだよ」

「仕上げの**銀杏切り**です」

銀杏は茹でて殻をとり、包丁で細かく叩く。すり鉢でよくあたり、その中へ酒と味醂の同割の煮切りを入れドロドロにする。御膳そばに入れ、湯練りで打ち上げたもの。

「銀杏の香りと甘みが、微かに残るんだねぇー」

「こんなあっさりしたそばになるとは、御先祖様も驚きであろう。最高の贅沢をしたよ」

そば屋の仕事は「木鉢と土たんぽ」。旨い汁と旨いそば。

そば屋の仕事は楽しい。


（平成二十年十月）

新そば

新そばこ　せなぁ気ばって　二袋

待ちに待った新そばの荷が届く。一年ぶりの再会に胸をおどらせ、封を切る。そっと覗き込み、手にすくってみる。

「よく育ったね……なるほど、なるほど……うん、うん」

さっそく磨き、粒を揃え、そして石臼へ。

匂いは仮の物ながら　新そば

匂いはかりそめのものであるけれど「うーん……」やっぱり！

薄く緑味のあるそば粉が見えてくる。

「なるほど」「やっぱり」「う〜ん、いいねぇー」

出るはため息ばかりなり。

そっと両手ですくいあげる。顔を近づけ香りをたっぷりと。

「確かに……やっぱり」

そば粉を握りしめると、艶々しくキュッと声がする。なんだろう？「生娘の味をどうぞ」とでも言っているのであろうか？

はやわざに　力かぎりの　そばをかき

甘皮まで挽きこんだ粗めのそば粉。新そばだから、薄い緑が艶っぽい。

片手鍋に湯を沸かし、その中へそば粉を入れる。すりこぎ棒を右手に、力いっぱいに、ピチピチと音がするまで掻く。

そばがきを　百回掻くと　鶴の味

香りもさることながら、淡い緑が食欲をそそる。

「やっぱり……うーん」

まずは一口。香ばしさと甘みが口いっぱいに広がり、

「頭の芯まで突きぬけ、もう、とろけそう」

搗きたてのおもちに山芋を入れたように、ふぁーとやわらかい。胃にもやさしく広がっていく。

まずは辛み大根をおろす。そこへ醤油を少し落とし、**そばがき**をつけてみる。

「いったい、この甘みはどこからくるのか？」

大根の辛みが、そばの甘みを一層引き立てる。これ程の甘み、香りのあるものが、そば以外の食べ物にあるだろうか。そば味噌に付けるのもよし。それを焼いてよし。山葵とかえしで食べるのもよし。

さらに、直火で少し焦げ目が付くぐらいに焙って食べる**あぶり焼き**もよし。さっぱりして飽きがこないから、いろいろと楽しめ、つい箸が進んでしまう。

挽き立て、打ち立て、茹で立てのそばを、谷川の清水で冷やし、どんぶりに盛って汁をぶちかけて味わう。この醍醐味も捨てがたいが、やはり新そばはそばがきにつきる。あの甘み。香り。粘り。

一年ぶりの再会に満足、満足。

「う～ん、やっぱり……」

そば屋になってよかった。

赤木にとまる　黒烏《そば実》は　ナニワの石《臼》にはさまれて
　明日は豊後の　湯につかる

（平成十八年十一月）

秋祭り・神饌そば料理　その一

どうあろうと　まず新米に　うまし国

「寒い時、暑い時、眠らずに苦労して稲を育て、そして収穫でき、この喜びを皆様と共に神に感謝して」

今日は、苦労を共にした案山子《かかし》、鎌等の農機具も同席している。満願の笑みをもって「乾杯！」。

「おお、この土臭さがいいねえ、この味だよ。こりこり、ぷりんぷりん……なめこがもう出ているんだ」

小鉢には、春菊、なめこ、そしてそば粒が盛られている。春菊、そば粒は茹でて甘汁につけて味付けしている。なめこは、甘汁で少し煮て冷やしたもの。

「ブナの木が倒れて五～六年経ってなめこが生えてくるんだろう。菌は動植物がつくったデンプンを分解して栄養にして生き、動植物に必要な水、二酸化炭素やリン酸、窒素をつくる。自然界では重要なんだよ」

「なめこに艶があっておいしいし、気持ちも明るくなるよ。生きていく気力が湧くよなぁー」

百合根、慈姑《くわい》、蓮根と、土の臭いが精進揚げで生き返る。

「うぉー、**天ぷら**だよ。田舎者にとって最高の御馳走だよ」

竹籠に敷かれた竹皮の上には、百合根、零余子、慈姑、銀杏、蓮根が揚げられている。つけ汁は、おろし大根を入れた甘汁。辛味大根に醤油を入れたものも用意されている。

「もちっとした粘りと、口に広がる女性的な甘味と滋味、そしてコク」

百合根は一枚ずつ離して揚げている。

「うん、何かと思ったら零余子かぁー、里芋のようにほこほこしているし。噛んだ後の甘さとさっぱり感がいいよ」

「この団子は？　ほくほくしてカラッと軽い感じで、私好みよ」

慈姑は生のままおろし金でおろし、卵と小麦粉を加えて団子にして揚げている。

「この蓮根！　すごく粘っこいね。噛むと歯ごたえも強いし、よく糸を引いてる。口に残るこの香り、甘みもよく……楽しいよ」

「銀杏って、父の香りがしない？　粘って、甘くて、爽やかな香りが……とてもいいわ」

「秋の野菜って、滋養強壮剤って感じだよなぁ」

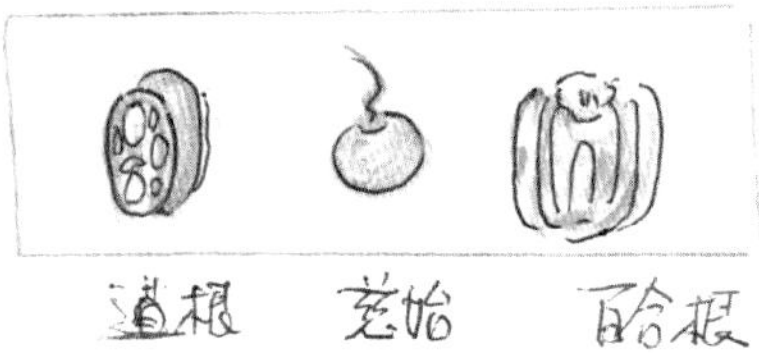

「根、実、種を食べていると、それが体の中に入って、細胞の一つ一つが調和されて光り輝き、体内から美しさが湧き出すみたい」

「食べていると、そのまま次の世代を生み出せるって感じよ」


（平成二十一年十月）

秋祭り・神饌そば料理　その二

秋の到来を知っているのだろうか、雁が青空に現われると、それに続いて鴨がその姿を見せる。

「鴨って、夜、木立の暗い所にとまっていて、朝風と共に谷に向かって群をなして飛び降りるんだよ。壕を掘って、その中に潜んで待ってるだろ、すると鴨の大群が風に乗じて飛んでくる。そこへ網を投げかけるわけだ……」

秋の新嘗祭《にいなめさい》の宮中供進《きょうしん》として、朝は新穀を、そして鴨を御饌《みけ》のために献上していた。

日の足も　短くなって　鴨真薯

「えっ、これって鴨の肉なの……？」

「**鴨真薯**、三つの味わいは、いかがですかね」

鴨肉は、包丁で細かく叩く。山芋と葛粉を少々入れ、手早く混ぜ合わせる。一口程の大きさの団子にして、まずは**焼き鴨真薯**。

「フライパンには胡麻油。両面をよく焼き、仕上げに本かえしを塗って出来上がり」

少し焦げ目のついた鴨肉の土色と、添えている隠元の緑色の色合いがとても鮮やかで、「食欲をそそるよなぁー……食べても隠元の歯ごたえがいいし、いい口直しにもなっているね」。

それ以上に、鴨肉の焦げの香りを鼻で感じながら、口に入れると、鴨肉の淡白さに驚いてしまう。

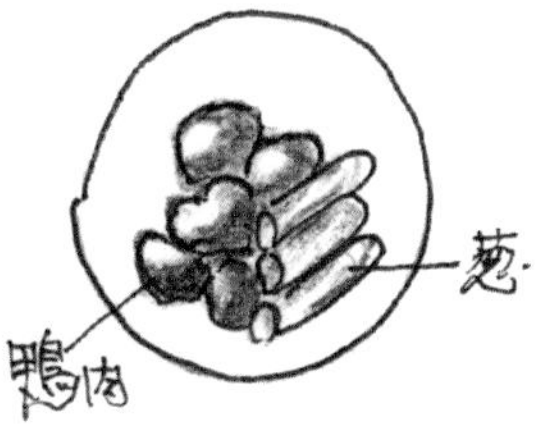

「鴨肉の味も残っているし、山芋の甘みや粘りも強くない。ところで、なめらかな味わいは何だね？」

「鴨肉の味わいを薄めないように、山芋を少なくして、葛粉を少し入れて表面をなめらかにしています」

「鴨肉が、本がえしによくからんでいて、まさに豊潤な味わいだねぇ」

次は、**鴨真薯煮**。

甘汁で煮ているから、「とても、うるおいのある鴨の味わいね」。

「鴨肉が軟らかくて、味もよく浸み込み、旨いなぁー」

「おろした辛味大根に醤油をあて、それにからめても……酒がすすむだろうね」

極め付きは、「椀種としての鴨真薯だよ」。
汁は、そば湯に甘汁を加えて味を調整して、その汁の中へ湯通しした鴨真薯を入れ、芹を添えている。
「薄めの醤油味だからかなぁー、鴨肉の香りと旨味がよく出ているねぇー。山の神も！　鴨の味をよく知っているよ、まいった、まいったよ」

人情が　くつくつ煮える　鴨の鍋

「うぉー、止めの**鴨は鍋**ですかぁー」

鍋の中身は、ブツ切りの鴨肉、そして四～五cmに切った葱。フライパンに胡麻油を引き、とろ火でじっくり炒めている。汁は、甘汁を薄めたもの。

「炒めているからでしょうね。鴨にコクがあって軟らかい、うん、うん……」

「葱だって甘みもあり、軟らかさがとってもジューシーだよ」

「もちのようなものは……？　そばがきかぁー……もったいないが汁がよく浸み込んで、旨いんだなぁー。酒がすすむよ」

葱、鴨肉、芹、そばがき、そして醤油味の汁……。

「人間と自然は共存というが、それぞれが持ち味を出し合っているんだねぇー」

（平成二十一年十一月）

秋祭り・神饌そば料理　その三

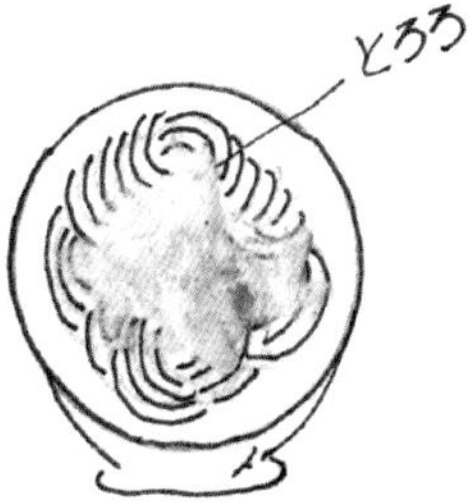

そば飯に　とろろご飯の　底が見え

「**そばとろろ**です。そばと山芋。今年の初物の競演でござぁーい」

そば米は、昆布を入れて炊いたもの。炊きあがったそば米を、甘汁に通している。

「そば米に風味があり、さらさらしているわけだぁー」

辛汁で味付けした山芋をそば米にのせ、千切りした柚子皮を添えている。炊きあがりのそば米、そして山芋の香りと甘みが溶けあう様は、

「すばらしい。山の神のほくそ笑む顔が浮かぶよ」

「根、茎、実（粒）そして花と、自然のものを手をかけずに丸ごと食べることは、大地に潜む季節の命をいただくようですね」

「心が豊かに明るく、強くなっていくようだよ」

「まさに健康食だ。寿命が延びるよ」

求道した　人も二八の　そばがすき

止めは、**二八そば**である。

「そばに角が立っていて、艶があり、きれいなそばだねぇー」

「スルスルスルー」

「喉ごしがいいねぇー、甘みも香りもあって……」

「小麦粉がそばのアクをとるのですか？　そして、そば粉の旨みを引き出してくれるのかぁー……」

子どもから老人まで、疲れている時も、イライラしている時も、

「二八そばを食べると、心が落ちつくんだよ。不思議なんだよ」

「そばの打ち方に工夫があるのかなぁー」

「木鉢にそば粉を入れ、それに必要な水（またはお湯）全量を一気に入れて打つ方法が一般的です。

もう一つの方法は、木鉢に必要量の水を入れ、その中にそば粉を篩にかけながら入れる。この方が、水の浸透がよくて、仕上がりも切れ味のよいそばができる。あとは、粉全体に水がいきわたるように両手で掻きまわす。粉全体が、しっとりすると一気にこね回して打ち上げる。

そばは、一粒一粒に個性のある生きもの。ゆったりとした心でそばを打つことは、艶のある、いい顔をしたそばづくりへの第一歩では……」

「ツルツルツルー」

「口の中から爽やかな甘みと香りが……」

「ツルツルツルー」

そば餅を　こわごわ上戸　一つ食い

口に入れると、一瞬眼を細め、「うむ……うん……」。

とろっと軟らかいそばがきが、黄な粉の香りに包まれ、口の中でとろけていく。

そばもちの登場である。そばがきは軟らかめにしてある。小皿を使って半月状の形をつくり、片面に蜂蜜をつけて、黄な粉をまぶしたもの。

「そばがきって、搗きたてのおもちに山芋を入れ、甘みをつけ、そしてそばの香りのするものなんだ」

蜂蜜、黄な粉の、そしてそばの甘みが上手に溶けあった、

「上品な味わいのお菓子なんですね」

世の中にめでたきものは　蕎麦の種
花咲　みのり　みかどおさまる

（平成二十一年十二月）

ワインとそば

「本当に、そば粉と牛乳だけでつくっているのですか？」

「確かに、チーズみたいよ。それに、そばの香りもある。さてさて、ワインに合うのかな……楽しみ、楽しみ」

片口鍋にそば粉（六〇g）を入れ、その中に牛乳（四〇〇cc）を少しずつ加える。そば粉は粗挽きを使い、牛乳は乳脂肪分の高いものがよい。木べらでよく混ぜ、十分ほど放置しておくと、全体がなじんでしっとり感が出てくる。火は、弱火で十分ほど練っていくと、突然粘りが出てくる。手を休めず、さらに混ぜ続けると、鍋底からぷくりと泡が出て、あと、二～三分練る。すると、**そばチーズ**作りは完了。流し函に入れて、粗熱をとってから冷蔵庫へ。これを三～四日寝かすと、

「発酵するのでしょうね。チーズのような味わいになるのですよ」

今日は、可愛いいお嬢さんのバースディ。仲間を引き連れ、ワインを抱きかかえてのご来店である。

「ハッピーバースディ」の歌と共に、ワイングラスを片手に、

「チーズの食感がいいわぁ」

「香りがいいわぁー」

「コクがあるのよねえ、不思議な食べ物……」

そばとワインの不思議な旅が始まった。

次は、**そばクレープ**の登場である。

「甘みがあって、ふぁーとしたやさしい食感ですね」

「クレープが味噌と調和するのにはびっくり。さて、ワインに合うかな……」

ボールに牛乳（一八〇cc）、卵一個、そしてそば粉（六〇g）を入れ、木べらでよく混ぜる。卵は、卵黄と卵白に分けて、しっかり泡を立てる。そば粉は粗挽き粉を篩にかけたもの。混ぜた材料をしばらくおくと、全体がなじみ、しっとりとしてくる。

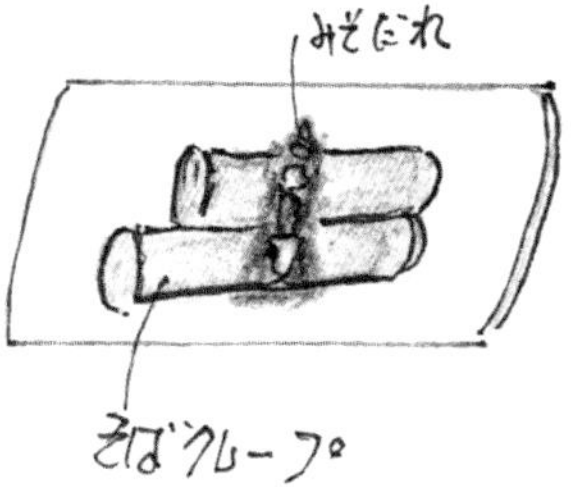

次に、フライパンに胡麻油を引いて、薄焼きタマゴを焼く要領で一枚一枚焼いていく。

粗挽きそば粉を使うと、香りとコクがあり、卵を泡立てると、軟らかく、やさしい味わいのクレープが仕上がっていく。

さらに、フライパンに胡麻油を引いて、椎茸、筍、葱、そして茄子を炒める。野菜がしっとりしてくると、そば味噌を入れる。味噌は、味醂で溶いたもの。たっぷりの味噌の量で、和えるように炒める。

付出皿には、そばクレープが盛られ、味噌で和えた野菜たちは、クレープに包み込まれている。さらに、クレープの上にも野菜を添える。

「旨そうだなぁー」

ワインを一口飲み、

「味噌の甘みと、うん、うん」

「クレープの甘みのバランスが、うん、うん」

「とても気に入っちゃった」

そば、味噌、そして胡麻油。それぞれの香りが共になじみ合っていて、これらが口の中で広がっていく。

「う〜ん、まさに『和』=『日本』の世界だね」

続いて第三弾、大鉢には、揚げたそばが盛られ、その上の野菜たちの彩りに、「見てるだけで、おいしそうね」。

紅梅揚げ、または**巣ごもりそば**の登場。

天ぷら鍋の菜種油に、胡麻油を二〜三滴落とし、二八そばを揚げる。これを大鉢に盛る。

次は、フライパンに、筍、人参、椎茸、茄子、葱、そして茹でた海老を入れてよく炒め、そばに盛りつける。

さらに、濃いめの甘汁に溶いた片栗粉を少しずつ入れ、とろみを付けてそばにかける。刻み葱、千切り生姜、そして獅子唐の素揚げを添え、

「巣ごもりそばの完成です」

「うん、うん、二八そばを使っているせいか、食感がとても軽くていいですねえ」

「二八そばの甘さと、やさしい味わいが、どんな野菜とも相性が合うのか

なぁー」

「明るい土色のそばを台にして、海苔、獅子唐、椎茸と、色とりどりで食欲を誘いますねぇー」

「そばのサクサク感が、とても心地よいわ」

「甘汁のあん（とろみ）の甘辛さが、そばと野菜によく調和していて……ああ、ワインもおいしい」

止めは、**そばピラフ**。

そば米、白米は、軽く水洗いして水を切っておく。フライパンで、玉ネギのみじん切りをよく炒める。次に、細かく切った椎茸、筍、鴨肉とそば米を混ぜ、脂がのるまで炒める。これを土鍋に入れ、十五分程炊く。出来上がりに、グリーンピース（または枝豆）で飾り付ける。

「そば米は、米に対して同割にしています」

「水は、米を炊く時の一〇%増しぐらい」

「そば米の、さらっとした食感がいいわぁー」

「鴨の味がよくしみ込んでコクがある」

「油っぽさがなく、爽やかな味わいだなぁー」

「おかわりを頂けますか」

そば屋は、人の集う場。嬉しいこと、悲しいこと、みんなで共有しながら食を楽しんでいる。心からの笑みが術を生む。ゆっくり生きよう。そば屋の仕事は楽しい。

（平成二十二年十月）

秋冷の膳

人が生きるということは、自然界の生き物の命を頂くこと。人の命は、多くの命に支えられている。それを実感した時、食べ物の有難さがわかる。食べ物を粗末にしてはならない。

きのこ狩り　楽しさだけを　持ち帰り

付出皿には、薄紫色をした**あけび**が姿のままにのせてある。一㎝幅に筒切りにされている。

「あけびの種って、野山で行儀悪く吐き出しながら食べてましたよ。この種が上品な甘みで、うまいんだよー」

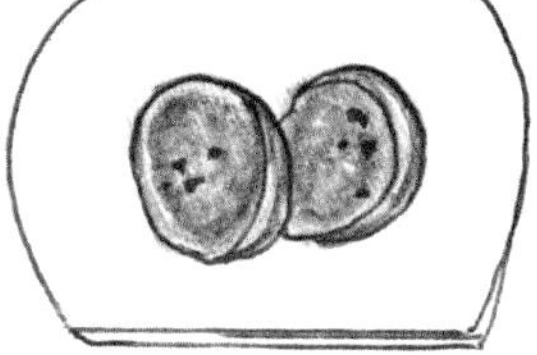

まず、あけびの種を取り出す。あけびの実のなる時季は、ナメコ・舞茸・しめじ・杉カヌカ等、たくさんのキノコが現れてくる。小口切りにしたねぎと、これらのキノコを炒める。

材料に火が通ると、味醂で溶いたそば味噌を入れて、和えるように炒める。材料を、あけびの皮の中につめ込む。中身の具が出てこないように、針金で巻いて固定する。衣をつけないで、揚げる（一～二分間）。

「こ、この苦みは……晩秋の味だねぇー」

「皮は厚いわりには軟らかく、快い苦みだ」

「山里の秋がいっぱい詰まっていて……おかあさ～んと叫びたくなるよ」

「そば味噌の甘みと香りが口の中に広がる。そして、口の奥にはあけびの苦みが残り、心地よくて、うれしくなるんだよォー……日本酒だ、酒だよー」

自然界の同時期の生き物（きのこ）の命を、あけびの中に包み込む。しかも、味噌仕立てである。まさに、日本の風土そのもの。

「有難くも、感動の食べ物だよねぇー」

さて、口直しにオリメキ茸という小さな椎茸のような形をした**キノコのそば**。オリメキ茸をフライパンで焼くと、香りがよく、甘味も出てくる。小鉢に、御膳さらしなそばを入れ、その上におろした辛味大根を少しおく。オリメキ茸を大根の上にのせ、辛汁を少しかける。

「キノコ本来の香りなのでしょうか？　土の香りもあって……いいですね。それに、口に残るやさしい甘みに……まいりましたよ」

「食べ終わっても、キノコの香りや甘みの余韻が口の中に心地よく漂ってるって……天然きのこの特徴ですね」

「生粉打ちのさらしなそばの淡白な甘みとやさしさが、きのこの味わいを支えているっていうのも……感動しちゃうよね」

天ぷらの登場です。

長角皿の上の三カ所に、辛味大根をのせ、醤油を少しあてている。辛味大根の上には、零余子《むかご》、百合の根、そしてユキノシタが、季節を色彩っている。

「百合根の天ぷらですか……。天然物だと、白くはないんですね」

土やけして濁った白さの鱗茎《りんけい》は、数カ所ほど緑色している。天ぷらにするとその部分が紅色に変化する。

「食べはじめはほくほくした食感で楽しいわ。後になると、苦みが口の中に残って快くて……美味しい後口になるんですね」

「昔、子どもの頃、囲炉裏の灰の中に百合根を埋めておやつに食べていましてね。その時は苦みはなかった気がするが……」

「蒸し焼きにすると、苦みがなくなるんだよ」

「苦味が快いなんて、酒飲みには楽しいものよ」

「零余子だって、素朴な土の香りがして粘りもあって、ホッとする心持ちになるんだよ……おいしい」

「生で齧《かじ》っても、旨いよ。粘りと青くささが、うれしくなるよ」

ユキノシタの天ぷらは、葉の裏に衣をつけて揚げているのは、

「葉の表面の縞模様を残すためかなぁ」

「野の草に衣をつけて食べているって楽しいわ……そしておいしい」

「ユキノシタの葉を揉んだ汁を、火傷《やけど》の時や腹下しの時によく使ったものよ」

「そうそう、子どものひきつけの妙薬なんですよ」

「家の周囲には、よもぎをはじめ、薬草があたりまえのように植えられていた気がしますね」

止め椀は、**なめこおろしそば**。

なめこは一～一・五㎝程の小粒である。表面に艶があって、ぷりんぷりんして輝いている。箸でなめこを一つ持ちあげ口元に。

「土っぽい香りがする」

食べてみると、「土くさく、山くさく、不思議な香りと

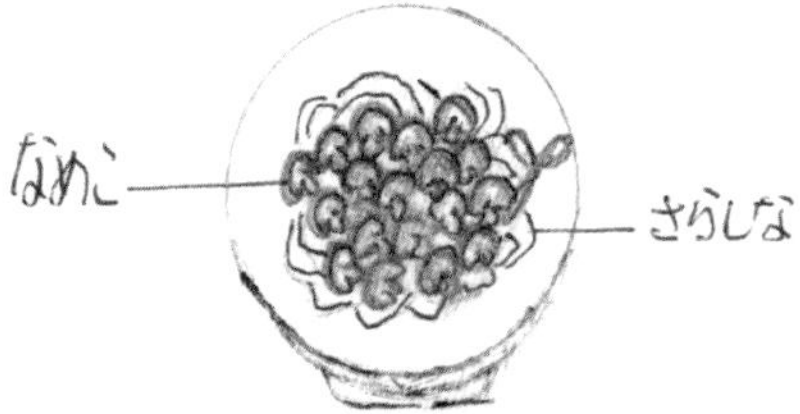

甘み」の世界が、口いっぱいに広がる。

「山で採集してこそ味わえるものですね」

そばは、御膳さらしなそば。そばの甘みがきのこの味わいを一層引き立てる。広葉樹が露しずくを垂らして、あんな妙なカビを生やすとは、まさに、樹木の神秘性である。最初に化物じみたカビを喰って、うまいと人に勧めた人に感謝・感謝である。

「おいしく食べてもらいなさい……」

なめこ一つ一つ、笠の下に付いている腐葉土を洗ったなめこだからこそ、満足しきった顔で、笑みを含んだ口元で静かに食べ、汁を飲みほし、箸を置く。

「おいしかった」

心からの笑みが術を生む。ゆっくり生きよう。そば屋の仕事は楽しい。


（平成二十二年十一月）

そば湯

秋もすっかり深くなり、草木の緑は艶を失う。黄ばんだ葉もほろほろと散りはじめ、物寂びた晩秋の風趣が幽寂《ゆうじゃく》の気分だ。

刻み葱　湯桶の瀬に　うずを巻く

「おー、寒々。今日は疲れたよぉー」

腰をドサッと椅子におろす。

「お茶がわりです」

そば猪口に辛汁を少し落とし、刻み葱をたっぷり入れた**そば湯**をさりげなく。

「……」

そば猪口を手にし、ほっと安堵の笑みが浮かぶ。

赤椀に　竜も出そうな　蕎麦湯哉

「ふうー、ふうー」

猪口に口をつけると、まず葱がくちびるにあたる。「あつい……！」と心に叫ぶ。そばの香りに包まれた葱の甘みが、口の中にしみわたる。

「なんともいえない」

ほっと一息入れ、葱の甘みをよく噛みしめながらもう一口。今度は、そばの甘みと香りが身体にしみわたる。

ほっと、ため息を深くつき、やっと寒さも疲れも忘れて落ち着く。

刻み葱とそば湯。身体を心の底から温め、落ちつかせる。まさに精神安定剤。

「そば切りを食べた後、この湯を飲まねば必ず中傷される。たとえ多食して腹が膨張したとしてもこの湯を飲むと害がない」（『本朝食鑑』）

「ところでご注文は……」

「あっ、そうだった。豊かな気持ちになるような食べものがいいなぁー」

かけそばに　海苔さらさらと　押しもんで

花巻そば。

江戸の名残りを留めている粋な食べものである。江戸の花は浅草海苔。海苔は磯の花、浪の花。その海苔と本山葵をたっぷりおろして、かけそばにのせて食べるのである。

もちろん、そばは芯粉十割で打った細打ち。

「うーん、山葵と海苔の香りがたまんない」

海苔は芽がつまっていて黒光りしている。箸で山葵をつつき、椀一面に広げてその香りを楽しむ。

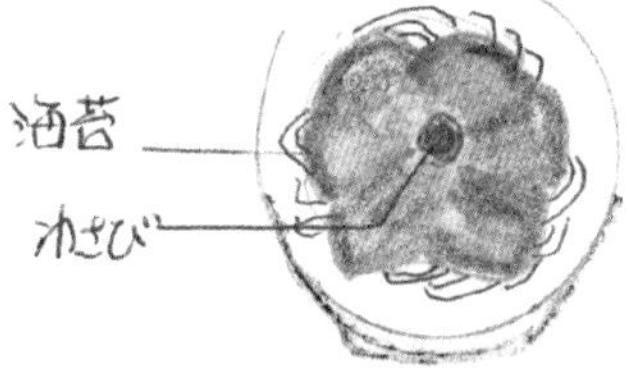

そして、一気に海苔で御膳そばを包み込んで口へすすり込む。微かな甘み、そして淡白な御膳さらしなそばが、海苔と山葵の香りに溶けあう様が、口の中で興じられる。

眼を閉じて、ため息まじりに「う〜ん、旨い！」。

まずは、葱とそばの甘み、そして香りのそば湯。次は、山葵と海苔の香りの花巻に、「たっぷり心が和みました」。

そば屋になってよかった。

（平成十八年十二月）

冬

立冬…11月7日〜

小雪…11月22日〜

大雪…12月7日〜

冬至…12月22日〜

小寒…1月5日〜

大寒…1月29日〜

立冬

十一月七日〜二十一日頃

御膳そば

通りすがりの生垣の山茶花《さざんか》の花にふと目が止まる。もう冬はそこまで来ている。

竹垣に　初冬の風が　来てとまる

「こんにちは」

いつものように爽やかな挨拶とともに、やさしい笑顔での来店である。

「今日のおすすめは何ですか?」

か細い声の中にも、やさしい人柄がある。

「御膳そばのもりです」

黒褐色のそばの実の下には緑色の甘皮がある。その内側の胚芽が純白で、その部分だけを挽き出して篩にかけたものを、**さらしな（御膳）粉**という。

薄めの辛汁と薬味として辛味大根が添えてある。

背筋を伸ばし、両手を合わせて「いただきます」。

最初に、汁をちょっと舐めて、

「やさしくておいしい」

スルスルスルー。

「色の白さといい、淡い甘みと香りといい、すごく気に入っちゃったわ」

スルスルスルー。

「洗練の極みといったところですね」

御膳そばは、でんぷんが主体だからそばの風味がないが、見た目の美しさと舌ざわりの良さが特徴である。さらに、タンパク質がほとんど含まれてなくつながりにくいため、お湯で打つのである。

「上物というか、高級感があるでしょう」

「とっても口当たりがよくて、あっけなく食べちゃった。なんだか少し物足りない」

「御膳そばの温かいのを食べてみたいですね」

大根の　白さが宿る　冬の陣

温かいそばの上には、辛味大根とそばもやしがのっている。

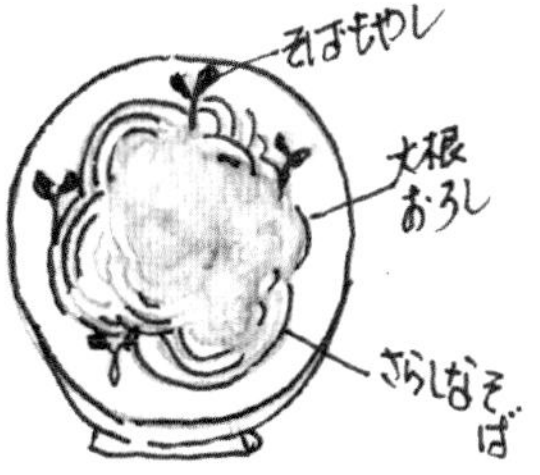

「単純でおいしそう。雪を冠した富士山が、駿河の海に写し出されているようですね。それに、そばもやしの茎の赤や、葉の緑、黄色が晩秋の紅葉を彷彿とさせるようですね。箸をつけにくいですよ」

「大根の風味がすごくいいわ。それに、そばの軽さがいい。……弾力感もないし、爽やかって感じよ」

「うん、うん」

自分に何かを言い聞かせているのだろうか。

「御膳そばは、香りはないが口当たりが爽やかで、食べて胃にもたれず何食でもいけるってことを考えていたの」

冬の寒さに耐えながら、ひそかに咲く白い花のように、清らかに、香り高くそして力強く生きてほしい。

「癖がないから、つい食べすぎちゃった。あとは、**そばおはぎ**を食べてっと……まんぞく、まんぞく」

（平成十九年十一月）

風鈴そば

風鈴の　舌打ちせわし　夜鷹蕎麦

日の短い冬の夕方。「暮れ六ツ」（現在の午後六時頃）の鐘が鳴る頃には、空もすっかり暗くなる。

「さァてとォ……」

屋台の前の行灯《あんどん》に火を入れると、◎印に矢を描いた「当たり屋」が浮きあがる。その傍らの行灯には、「千客万来」と、屋号の「あ三五」が大きく描いてある。

屋台には風鈴が二個つけてあり、それに短冊をつっている。短冊には、「人ならば　浮き名や立たん小夜ふけて　軒場のかねに通う松風」と書いてある。風鈴は、肩の動かし具合で響きが違う。風のまにまに揺り鳴らし、「チリリン、チンリン……」と辺り一面に鳴り渡る。

「そばィー、そばィー。花巻、天ぷら、あられでござる、そばィー、そばィー」

夜そば切り　ふるへた声の　人だかり

夜がしんしんと更けてくると、その寒さもひとしお。冷え切った体を中から温めようと、町人、夜鷹《よたか》、そして博奕場《ばくちば》に出入りする連中が屋台を囲む。

「ヨッ、今夜ァめっそう寒い晩だ。**ぶっかけ**を一ツ熱くしておくれ」

釜の蓋をとるとファーッと湯気が立つ。そばを温め、皿に盛りつけ、その上から味付けした汁をぶっかけて、

「ハイー、召し上がれ」

お勝ちなら　もっとあがれと　夜そばいひ

「フー、旨かったぜ。腹はできたし、もう一勝負するか。オヤジ、十六文置いとくぜ」

着物の裾を端折《はしょ》りながら駆けて行く。真っ暗で底冷えのする道を、行灯の

火が淋しく照らす。

「立ち寄る人も様々に、人の生きる道を照らすがごとく……」

夜そば切り　駆け落ち者に　二つ売り

何に脅えているのか？　辺りをきょろきょろしながら寄り添う二人が、

「すみません、二つ……お願い…します」

「ヨシ、**しっぽく**食べてあったまりナ」

そばを太平椀に盛り、カマボコ・鶏肉・椎茸・麩などの具を乗せて、かけ汁をかけたもの。

椀を手にして汁を少し飲むと、落ち着いたのだろうフーッと深いため息をつく。腹も減っていたのだろう、一気に掻き込む。

食べ終えた頃には、顔に少しの赤みもさし、束の間の安堵感を持てたのだろう。

「親爺さん、ありがとう」

「力を合わせてがんばりナー、きっとだぜェ」

風鈴が湯気の立つ上で、

「チンリンチンリン……」

さてさて、次のお客はどんなお土産をさげてくるやら、夜明けにはまだまだ一時。風鈴の音とともに商いは続く。

「そばィー、そばィー」

親馬鹿チャンリン　蕎麦屋の風鈴

（平成十七年十一月）

対馬にて

花弁を広げると、一〇cmもあるだろう。**花オクラ**（トロロアオイ）の黄色は、鮮やかである。サッと湯に通し、冷水に浸ける。包丁でザク切りしただけで粘りが出てくる。まさに、オクラの粘りそのもの。

刷毛目茶碗に、御膳さらしなそばを盛り、その上に花オクラをのせる。さらに、オクラを茹でて、包丁で細かく叩き、花オクラの上に添える。柚子（カボス他）をたっぷりとかけ、辛汁もかけて完成である。

鉄分の多い土は、焼き上がりが濁り、青黒いといわれる。ところが、胎土《たいど》の上に、純白の勢いのある刷毛目と鉄絵の線が走ると、青黒い素地は輝く大地となる。その刷毛目茶碗に、さらしなの白、花オクラの黄、そして緑のオクラが盛りつけられると、輝く大地を走る駿馬《しゅんめ》となる。

絵付けや景色の違う焼き物（器）に、色彩やかな食材（料理）を組み合わせて盛りつけるのは楽しい。

刷毛目茶碗を両手で持ち上げる。手にしっくり馴染む。眺めていると楽しくなる。

箸をつけてみる。酢がよくきいて、口の中には清々しさと爽やかさで心地がよい。

この花オクラは、朝に摘み採ると、すぐに酸化がはじまり、夕方には黒ずんでしまう。花を摘み、茹で、盛りつける。生きている素材を瞬間的に扱い、もち味を引き出す料理に対し、その料理の存在性を引き出す焼き物。

「楽しみは、またその中にあり」

古三島茶碗には、**焼き湯葉**がおかれている。湯葉は、豆乳から作ったもので、端から丸めて甘汁に浸けて味を染み込ませている。

それを、布巾で表面を拭き汁気を取り冷蔵庫へ。少し乾燥させてから焼く。表面に焦げ目を少し付けたものを、一口程に切って重ねて盛っている。白く化粧した古三島茶碗の、焼き湯葉の落ち着きが心憎い。焼き湯葉の香ばしさが辺りに漂い、食欲を誘う。

湯葉を口に包む。中から香りと甘いとろみが、焦げ目の中からはみだして、口中に充がる。

朝鮮半島に花開いた高麗《こうらい》青磁、李朝白磁の焼き物は、素朴な形と質感を持っていて、その気性がおおらか。自然素材や、そばを添えるとよく映える。

「器は料理の着物」である。

ここ対馬は、朝鮮半島と一衣帯水の地である。陶土石と水、燃料が豊富で、陶磁器制作には恵まれている。

「机の上で何をどんなに修めても、所詮は脳味噌の遊び。〝毛孔〟で世の中を見てこい」と父よりの厳命。

十六歳で人生流浪の旅へ出た、小林東五の対州窯がここにある。韓国の厳しい自然の中で詩を詠じながら、そこから生み出された陶技が息吹く、ここ対馬の地。

この釜場は、韓国鶏龍山《けいりゅうざん》の陶土であり、側の菜園には、花オクラが咲いている。さらに、柚子の木もあり、大根、葱も植えられている。

好きな場所で、好きな仕事（生活）を楽しくやっていく。それは、物をつくる人の基本である。

そして、失敗という名の実践を何度も経験することで、新たな課題を出し、目標も生まれる。この繰り返しが、実に楽しいものであろう。

止めは、井戸茶碗で食べる。**かけ**である。

そばは、御膳さらしなの生粉打ち。柚子の細切りを盛っている。柚子は皮を剥き、薄く輪切りにしている。柚子の淡い香りと、嫌味のない酸味に、心は癒され、疲れが飛んでいきそうな心持ち。

さらしなそばの淡泊な甘味と、汁とのかね合いが、バランスよく、爽やかな一品である。

古唐津の片口から粉引鉢に注がれる酒を眺め、嘗《な》めるように酒を飲み続け、食べている。もう三時間。この片口の口元は気品があり、胴の歪みもほどよく、すっと掌に入る。酒を愛しむ陶人の造った杯や片口を見ていると、味わいがある。酒をこよなく愛し、楽しく仕事をしている結果なのであろう。

掌にしっくり馴染む焼き物は美しい。そして、それは料理の存在感を引き出す。そのためには、華美な盛りつけを避ける。

「秀而野《しゅうにしてや》」

繊細でしかも大胆さをもって料理（道）することを学ぶ。そして、しくじることを恐れないこと。それは、神様のくれたチャンスなんだから。

さらしなそばのように、自分は退いて他を立てるという「一算《ひきざん》」の心を持って、対馬を離れた。

（平成二十四年十一月）

鴨がき

昼の混雑もそろそろ落ち着いて、一息入れようかと思う頃。きちっと背広を着た、色黒な顔と白い歯が印象的な紳士が、ぶっきらぼうに席に座る。

「今日は遅いお越しで……」

煮凍りに　愛を溶かしつ　温め合い

「これは何の煮凍りだね!?」

そばの甘汁に、そばがきを小さく切って散らし、次に少し太めに切った河《ふ》豚《ぐ》の皮を入れ、針生姜、さらし葱を散らして寒天で固めたもの。

「これが**そばの煮凍り**です」

「ふっくらとした煮凍りと生姜の香ばしさが……うまい」

「河豚の皮の歯切れの軽やかさと、そばがきの粘り……うまい」

「煮凍りの味の濃さが…ウーン、酒を呼ぶんだろうねぇー、友人に紹介しなくちゃ…アハハハ…」

おおらかな笑いが可愛い。

「温まるものを食べたいなぁ……」

鴨汁に　工夫忘れぬ　母の味

フライパンに胡麻油をたっぷりと滴し、ブツ切りの鴨肉と、下仁田葱を充分に炒める。胡麻油の香りと炒める音が辺り一面に広がる中、

「まだかなぁー」

鉄鍋には、少し濃い目の甘汁に、米と鴨のつみれが入れてある。つみれは、鴨の脂身と細かく叩いた小骨を団子にしたもの。鍋には牛蒡・大根（葉）・椎茸、そして粗めに挽いたそばの粉で作ったそばがきが無造作に入っている。炒めた鴨肉と、下仁田葱を入れ、芹を添えて「これは、温まりますよォー」。

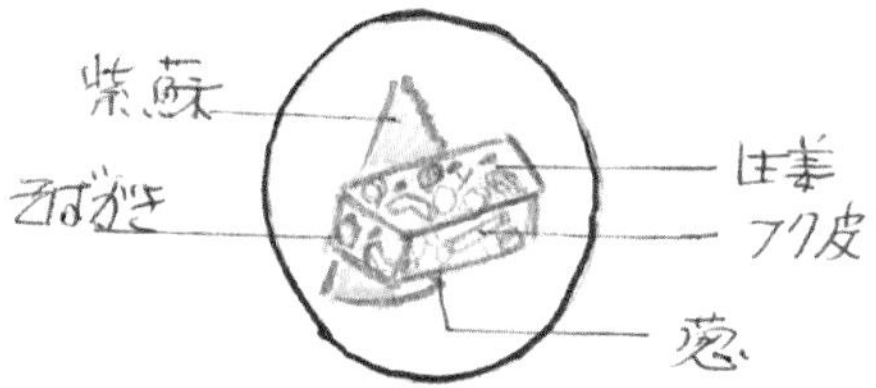

視線を鍋に釘付けにしたまま、背広を無造作に脱ぎすて、喉をゴクリ。

「よしっ、ヨシッ」とばかりに箸を持ち、

「具が沢山入っているものを、箸で掻き混ぜるのは……ウッ！　何が出てくるやら……楽しいネ」

「このねぎ、甘っこいし、とろみが何ともいえん。あつーい、ウン、うまい」

「濃ってりとした味の中に、そばがきのとろみが、これまた、あつーい、が……うまい」

人に心があるように、自然にも心がある。

人を愛し、自然を愛することはたやすいこと。心のままに見て、考え、歩んでいけばよい。この単純な営みに。

「アハハッ……」と、おおらかな笑いは辺り一面の心を和ませ、くもり一つない眼が、やさしく語っている。

「三十五年間、お仕事お疲れさまでした。いつまでも健やかに」

（平成十六年十一月）

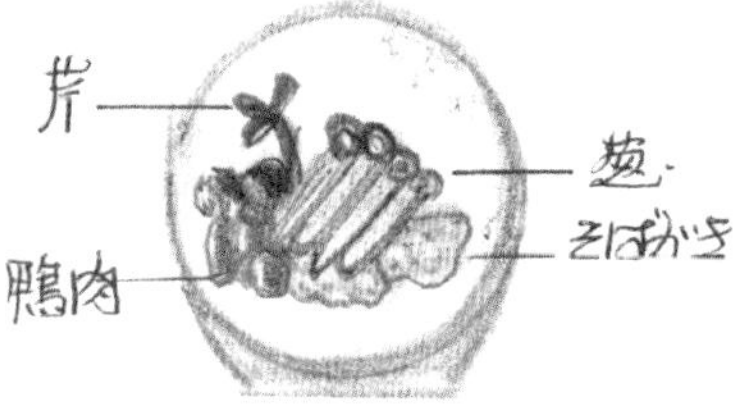

そば打ち

「今日は、祖母の誕生日のお祝いをお願いします。『誕生日にはそば』と決めてから、この日を楽しみに待っていました。季節の野菜が、そば料理として、どのような姿で食べられるのか、ドキドキしています」

祖母から孫娘まで、家族七人のご来店である。嬉しそうな視線が溢れ、俎板に浴びせている。

まずは、**そば煮凍**。

甘汁を寒天で固めている。褐色の甘汁の艶やかな光沢の中から、河豚皮、葱、生姜、そばがきを散りばめているのが見える。甘汁のすっきりとした透明感が食欲を誘う。煮凍の甘辛の中から、コリコリした河豚皮の食感、生姜の軽い香りの味わいが酒をすすめる。

次いで、**花オクラ**。

小鉢には、さらしなそばを盛りつけ、その上に、花オクラとオクラが添えられている。花オクラの黄色は彩やかで、それをサッと茹で、包丁で軽く砕き粘りを出す。その花オクラをさらしなの上にのせる。オクラは、茹でて包丁で細かく叩き、花オクラの黄色の上に添える。黄色の上の緑が鮮やかすぎる。柚子《カボス》酢をたっぷりかけ、辛汁も少し。その爽やかさに食欲がすすむ。

次は、**湯葉巻きそば**。

厚くてトロッとした湯葉をつくり、その上にさらしなそばをのせ、山葵漬を添え湯葉を巻く。さらしなそばには甘酢をかけ、布巾で水気をとっている。湯葉のトロッとした甘み、山葵漬の香りと辛みのバランスが、とても爽やかな刺激で食欲をそそる。

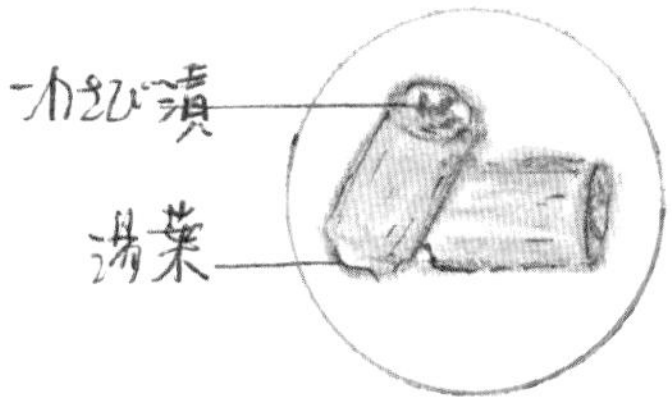

すしの吸物には、**そば旨煮**を準備。

椀の中には、湯葉が三ツ葉に包まれて入っている。湯葉巻きには、椎茸、牛蒡、鴨肉を細かく刻み、フライパンで炒め、中へ甘汁を入れ少し煮たものと、茹でたそば粒が入っている。汁は、薄いそば湯に甘汁を入れたもの。爽やかな汁の味わいの中から、湯葉の甘み、炒めた鴨肉のコクそして牛蒡の香りと、いろいろな味わいを楽しめる。汁とそば、そして旬のものが備わり料理が広がるこの世界の主役は、**さらしな**、そして、**二八そば**。淡い香りと甘み。そして食感がよくて爽やか。

そば打ち

そばは、いかにして打っているのか。

朝七時。足あげから始まり、手首、肩、股関節を重点的にストレッチ体操を十五分。私にとって、この体操は「身体から力を抜き、心を無に」してそばと向きあう大切な準備なのである。「今日も、そば打ちができることに感謝しながら」、心のリズムとそばとの呼吸を計り打ち台へ向かう。

十月一日、木鉢に三一〇〇ccの水（水温十五度。逆浸透膜の水）を入れる。

その中へ、そば粉（六五五gを篩にかけながら）を入れる。

水を被っている粉の上に手を置き、手に水があたらないように手を開き、軽くゆっくり円を描くように始める。次第に手の動きを速めて、円を描く手の回転を速める。そして、粉全体に水分を行き渡すように。

軽く、手早く、力まない！

二分もすると、しっとり感と艶が出て米粒ぐらいの塊ができる。

次に、力まず膝の屈伸のリズムを使って、両手でそばを捏ねまわす。

両手を前後に捏ねまわすこと百回ぐらいすると、より艶が出てくる。小石ぐらいの固まりができると、そばをまとめて塊りをつくる。

十月三十日。

気温二十度。湿度八〇%。**二八そば**。

木鉢には、三二〇gの水が入っている。その中へ、そば粉六五五gを篩にかけながら入れてゆく。

水を被っているそば粉の上に手をのせて、小さな円運動をしながら、粉をゆっくり水に浸透させていく。手の平は、いっぱいに広げ円を描くように、ゆっくり、ゆっくり……。手（粉）の下に水溜まりがあっても、急がずに！

力を入れずに、手の回転は、小さく、ゆっくりに、そして、徐々に速く。三十秒もすれば、水溜まりもなくなる。

少しずつ、手の動きを速く回転させると、六十秒も経てば、粉にしっとり感が出てくる。手についている粉を両手で落としながら、両手の平を広げて、前後に円を描くように手を回転させて練り込んでいく（三十秒で百回転が目安）。しっとりと、艶のあるそばが仕上がる。

膝をリズミカルに上下運動させ、身体の流れでそば打ちの仕事は行われる。

水まわしから包丁切りまで、十分で十二、三人分が仕上がる。

- そばの一つ一つの粒子に目が行きとどく。
- 肉体的に疲れない。
- 仕上がりまで時間が短く、そばが空気にさらされない。

だから、少ない量を短時間で打つ。

茹でたそばを水洗いしている時に、そばが蛸《たこ》の手足のように手にからんでくる。やさしく、やわらかく……そのそばは、歯に当たると同時に、甘みと香りが口の中に広がる。そんな、そばを打ちたい。

＊＊＊

今日は、お客さんの祖母の誕生日会。満面に笑みを浮かべ、一喜一憂しながら楽しんでいる。

小鉢には、さらしなそばが、その上に辛味大根が少しおかれ、むき茸をのせている。むき茸は、フライパンで焼き、手でちぎっている。辛汁をかける。

「むき茸のしっとりした土の香りがいい。苦みも心地いい。その苦みが、さらしなそばとからめて食べると、爽やかな味わいになるなんて……」

旬の食材を一つ添えて味わう、さらしなそばの醍醐味である。

続いて登場は、**白魚搔き揚げのぬき**。

北海道・網走《あばしり》の白魚に薄い衣をつけ、手の平に乗せて天ぷら鍋に流し込む。油にくぐらす程度で揚げた白魚を、辛汁二、甘汁一の割合の汁に入れる。姿はスマート、味は淡白上品である。

白魚をそのまま食べ、「やさしい甘みと味わい……品がいいねぇー」。

祖母は大喜び。

汁にそばをつけて、「凋酒がすすみます」。

祖父も大喜び。

「この汁、透明感のある醬油色で、味醂、砂糖、醬油の色がなく、爽やかな後口が……いいですねぇー」

話題のすすむ**天ぬき**である。

「**銀杏切り**です」

「きれいなそばですね！　薄い黄色も上品。確かに！　口の中にほんのりとした香りが、そして甘みも。生きててよかった。汁もおいしい」

辛汁と甘汁を同割にした薄めの汁が、銀杏の香りを引き立てている。

銀杏（三十個）をペンチで割る。鍋で銀杏を茹でながら甘皮をとる。その銀杏を包丁で、細かく細かく切って叩く。淡い黄色で、固い糊状のものが出来上がる。酒と味醂の同割（八〇cc）を煮切る。これを、銀杏の中に入れて、よく混ぜると糊状になる。

さらしな粉（三〇〇g）の中にこの銀杏を入れ、粉とよく混ぜる。湯練りをする（湯、八〇～八五cc）。さらしな粉に対して、お湯を全量入れ、一気に混ぜること。

水まわしは、やさしく、軽く。しっとり感が出たら、速く、強く練り上げる。手の熱さより、そばへの愛がすべて。

食品を一つ一つ仕上げていく心が大切である。商品をつくる作業ではない！

※そば粉は、福井・大野産。メッシュ60と68で調合。つなぎの小麦粉は中力粉で、栃木県他四～五種類。「二八そば」は、そば粉とうどん粉の比率は十対二である。

（平成二十五年十一月）

陰暦とそば・山茶《つばき》始開《はじめてひらく》

夕暮れがせまり、河原に群生する枯れ芒《すすき》は風になびいて揺れている。深まりゆく晩秋の色は濃く、風の冷たさにも移ろいゆく季節の足音を感じる。もう、冬も間近だ。

「寒くなりましたねぇー」

近所のお茶好きの仲間たちが、おめかしして茶室にやって来た。今日は陰暦十月の上の亥の日。「炉開き」である。

植木の刈り込みを済ませ、竹垣も青竹に換え、庭には松葉も敷いている。茶室には、茶壷が主役の座に飾られている。春に新茶を摘み、それを壷に収めたものを口切りして祝う。今日は、お茶の正月なのだ。

祝い膳が運ばれてきた。

「頂戴します」

作法より食に貪欲な連中には緊張感はない。

向付けは、**山葵漬の湯葉巻き、芝海老寄せ**。

山葵の葉と茎を、包丁で細かく刻み、熱湯をかける。それをビニール袋に入れて、俎板の上でよく叩いてしごく。これを辛汁につける。この山葵漬を、厚めの湯葉に包み込む。芝海老は、薄めの甘汁で茹で、殻を剥いたものを湯葉巻きに添える。甘汁に葛粉を入れてとろみをつけて湯葉にかける。

「湯葉の甘さと山葵漬の味わいは、心が和らぐようだね」

「ゆっくり食べると、盃が重なってしまうわ」

次は平鉢、**煮物**。蓮根、慈姑、銀杏、そばがき、そして隠元を盛りつけている。蓮根はよく洗い、大ぶりに切って水に晒しておく。慈姑は、胴と肩の部分をグルッと一筋に剝き、中火で茹でる。銀杏も殻をとり、茹でて皮をとっておく。

そばがきは、軟らかめにして一口位の大きさにして油で揚げる。鍋に胡麻油を入れ、蓮根を炒るように焼く。さらに、慈姑を入れる。

その鍋に、薄めの甘汁を入れ、隠元、銀杏、そしてそばがきを汁にからめる程度に入れて、味をからませて盛りつける。

蓮根のカリカリした食感の中に「甘味と香り」がリズミカルに口の中で広がる。さらに、慈姑の粘りと香り。銀杏は緑が艶っぽく映えている。

そして、もちもちとした粘りと口あたりが楽しく、甘みと香りに、

「まんぞく、まんぞく」

胡麻油で揚げたそばがきは、表面の食感が「心地よく」、嚙むと、ふあーとした軟らかさに、「うっとり」。これまたじっくり味わうと、盃を重ねてしまうばかり。

次の椀の中身は、**海老真薯**と白髪ねぎ。

車海老を包丁で細かく刻んでよく叩く。その中へ、泡立てした卵黄と山芋を少々入れる。手で揉むように混ぜて、胡麻風味の油で揚げる。よく油切りして椀の中へ入れ、汁をかける。

汁は、薄めの蕎麦湯に甘汁を入れて味を調整したもの。よく水切りをした白髪ねぎを添えて、海老の甘みや香りが「清々しい」。

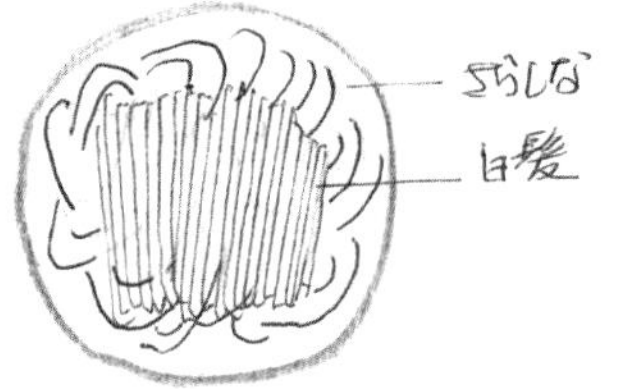

ねぎの淡い香りが、「私の心を労《ねぎら》うようだわ、涙が出そうな心持ちよ……盃がすすむわ」。

淡い醤油味の汁に、真薯の油がからんで、深みのある味わいに、

「うまいなぁー」

止めの蒸籠は、**茶切り**である。

「艶があって、とても美しい緑色ですねー、雨上がりの木の葉のようだ」

さらしな粉の生粉打ちに三〇%の抹茶を入れて打ったそば。さらしなそばを添えているから、二色の色合いは、

「新鮮だねー」

「今日の抹茶は、福岡県星野村産です。この抹茶は入れすぎても酸化して色変わりすることもなく、また甘みや香りの変化もないのですよ」

「香りも、甘みも強いなぁー」

「おっ、これは？」

「茶切りのあつもりです」

「すっごい、甘みも香りも一段と強く、そしてもっちり感がとてもいい……ありえない、ありえないこの味わい」

この抹茶を生産した方に、そして、その地に感謝をしながら、人と人、人のものに、一生に一度しかないこの出会いに、真心を込めて向かい合う緊張感に喜びを感じる。

一つの道は険しく遠い。そば屋になってよかった。

（平成二十三年十一月）

小雪

十一月二十二日～十二月六日頃

蓮根、葱

「一枚板のカウンターと、調度品は杉板で統一され、漆喰塗りの壁、そして醤油の香り。いいお店ですね」

穏やかな声の主は蓮根、葱、牛蒡等、有機野菜の生産者なのである。土や、自然の力を生かして野菜を作っているからだろうか、いつも気持ちが豊かで明るい方である。

蓮根を　掘る日の顔は　見せられず

まずは、「**精進揚げ**を」と。

蓮根は、皮を剥かずにぶつ切りし揚げている。ザクッとした歯ざわり、糸を引く粘り、

「蓮根の厚みのせいかなぁー、甘みと粘りが一段と増してるようだ。このもちもち感がたまらないねぇ」

「葱だって軟らかく、甘味も充分になりましたね」

葱の中からとび出す汁に、

「あっちっち、でも甘いなぁー」

辛味大根に醤油を添え、それに絡ませ、牛蒡、隠元の天ぷらにも舌を鳴らし、「旨いなぁー、うーん」。

精進揚げの極意は、季節を喰うこと。新鮮な土にいた頃の風味が衣に封じられて、舌にのって胃へ向う、「季節」の唄をうたいながら。それは、野菜たちのシンフォニーなのである。

「(皮をも剥かず)一つのものを丸ごと食べることで、野菜たちも喜んでいるのではと思うのですよ」

「精進揚げって、気力が高まるだけでなく、気持ちも明るく、楽しくなるようですねぇ」

自炊する　葱花束のように持ち

「ハンバーグのようなものは何ですか?」

蓮根と人参をすりおろし。さらに鴨肉を叩いて混ぜ込んで団子にしたもの。

角皿には、葱、蓮根、そして銀杏をのせ、本がえしを添えている。

「本がえしの甘辛さが、旨みを引き出してるのかなぁ。葱も蓮根も甘みが増している。それ以上に食感が最高だね。また、蓮根の団子のもっちり感には、驚いちゃったよ。さっそく我が家で作ってみるよ」

葱刻む　リズム狂いもなく平和

「葱を具の主役に仕立てました。**白髪そば**です」

「葱の白さが際立って、いつまで見てても美しい」

葱は、五、六㎝の長さに切り、芯を解き繊切りにする。水に晒し、水を切って、かけそばにのせたもの。そばは、御膳さらしなそばである。

「葱の香りがいいなぁ」

「食感もいいし、それに見栄えがいいよ。何だか、心が清まるようですよ」

「野菜は、そばをより楽しい食として演出するのですね。よしっ、野菜作りに、もっと汗をかきましょう」

そば屋の仕事は「木鉢と土たんぽ」。旨い汁と旨いそば。

そば屋の仕事は楽しい。

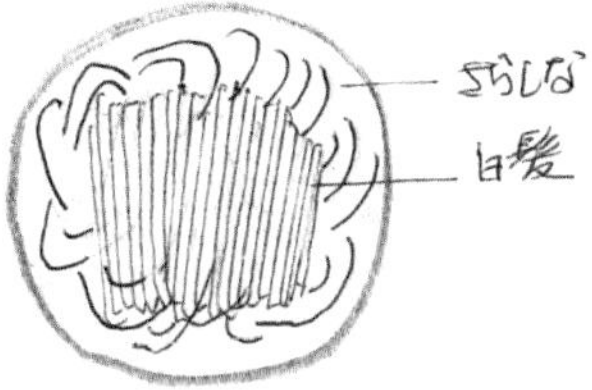

(平成二十年十一月)

牡蠣

師走の日々は、まっしぐらに冬至に向かう。今朝は霜が降りていた。そんな日の昼下がりに、男性顔負けの出立ちのご婦人がやって来た。

「ネェ、牡蠣を持ってきたわよ」

海岸の石垣に付着している牡蠣を手鉤《てかぎ》で獲ったものである。青味が濃く中粒の真牡蠣で、まさに〝太真の乳〟。

「旨そうですねぇ」

「当然でしょ。海水は冷たく、寒かったのよ」

女たち　牡蠣打ちに出る　島の冬

熱したフライパンに胡麻油をひいて、牡蠣をのせる。

ジューという音とともに、芳ばしい香りが漂ってくる。牡蠣の焦げ目が、

「おいしそう」

ひっくり返し、反対側も同様に焦げ目がつくまで焼くこと二〜三分。

盛皿にのせ、刷毛を使って本がえしを一塗りする。

「はい、出来ました。今朝の御馳走、ここにありですよ」

一口すると、

「おー、やわらかいねぇー。口の中で、甘い磯の香りが広がるよ。旨いねえ、油と醤油（本かえし）の取り合わせが、こんなにいいとはねぇー」

牡蠣は、油で焼くとふっくらした食感と芳ばしさを一層引き立て、さらに本がえしの甘辛さが、牡蠣の旨みを引き立てる。まさに〝豊潤の極み〟である。

「お酒が少し……欲しくなりますね」

牡蠣焼いて　香りが広がる　焦げの色

かけそばには焼海苔が敷かれ、その上に牡蠣をのせている。

牡蠣はフライパンで焼いて焦げ目がついている。そして本山葵が添えられ**牡蠣そば**参上！で御座い。そばは、さらしな粉十割の御膳そばである。

まず、牡蠣を一口する。一瞬、肩をすぼめる。次に目をぱっちり開き、口元に笑みを浮かべる。

「牡蠣が……牡蠣が、プリンプリンして……赤ちゃんのお尻みたい……やわらかいねぇー。牡蠣も焼いているから一層芳しいのねぇー」

「十割のさらしなそばって、すごく軽い食感でしょ。それに、そばの甘みが口に残るから、海苔や牡蠣の香りと旨みが一層引き立ってるのね。牡蠣そばって、まさに海の世界だねぇー」

「親しみを込めて料理される牡蠣（材料）、その一つ一つに心が行き届いているようで……おいしい」

辺り一面に、海苔、牡蠣、そして山葵の香りを漂わせながら、

「朝早く起きて『牡蠣打ち』してよかった。幸せ、幸せよ……」

そば屋の仕事は「木鉢と土たんぽ」。旨い汁と旨いそば。

そば屋の仕事は楽しい。

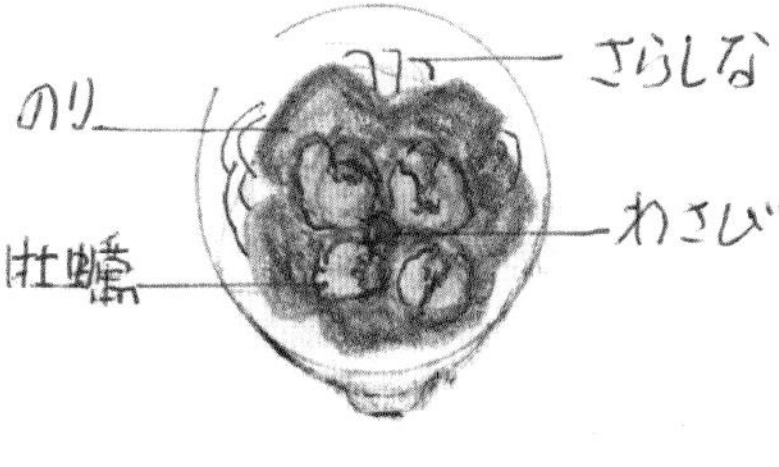

（平成二十年十二月）

小春の膳

付出し皿に、おろした辛味大根が三カ所盛られ、その上に**慈姑**《くわい》・**百合根**・**大和芋**をのせている。各々の根菜には焦げ目がついて、香ばしさを漂わせている。さらに、揚げそば粒が無造作に散りばめられ、

「新そばらしく、そば粒が緑々《あおあお》しく輝いて、食欲がそそられますね」

慈姑は、皮のついたまま焼いてあり、その焦げが香ばしく、

「焼き栗を食べているみたい」

「慈姑の揚げ物やせんべいを、母がよくつくってくれましてねぇー。慈姑をおろし金でおろし、その中へうどん粉と卵を入れて混ぜ、丸めたものを胡麻油で揚げるの……カラッとして軽いおやつなの。せんべいの方は、慈姑を薄く切って半日ぐらい風干ししてから揚げるの。こんなおいしいおやつはなかったわ……」

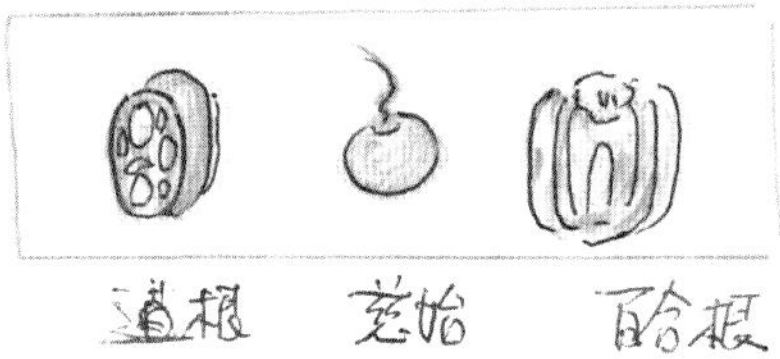

百合根は、鱗片を少しあぶる程度。大和芋は、皮をむかず、髭がついたまま一寸ぐらいに横切りしたものを焼いている。

辛味大根を少しつけて食べると、

「甘い香りが口に広がるでしょ、そしてほくほくした食感がとてもうれしくなるの。まさに野趣だよ」

「『精進の極意は季節を喰うもんだ。皮をむくと、一番おいしいところを捨てるようなものだ』と、親父は、酒を飲みながらよく言っていたよ」

「女性にとって、根菜のほこほこしたもっちり感がたまんなくうれしいの。男には、わからないでしょ」

「男にとっても、旨くて精がつく、酒の肴にもなって最高だよ」

ぎんなんを　誓って飽かぬ　夜の酒

「淡い黄色のそばは……えっ、銀杏が入っているのですか！」

竹笊の上に、御膳さらしなそばと、**銀杏切り**が仲良く盛られている。やさしい黄色の麺線に、銀杏の斑点がぽつりぽつりと浮いている。

銀杏は殻を割ってから茹でる。薄皮を剝き、包丁で細かく細かく刻む。すり鉢に入れ、すりこぎでさらに細かくつぶす。

「銀杏は良質で大きめがいい。愛知県祖父江産は、香り、甘み、そして粘りがあり、そばに打ち込むととても味わいが豊かである」

さらしな粉（三〇〇g）に銀杏（大）は二十個程。すり鉢で刻んだ銀杏の中に煮切りを入れる。

煮切りは、味醂と酒を同割にして八〇cc程。木鉢のそば粉の中に、煮切りを入れて、両手でよくすりあわせ、もむように混ぜる。混ぜ終わると、熱湯を一三〇cc入れて打ち込む。

「材料を選び、細かく刻むという下準備が大事な仕事です。そして、ただ無心に包丁で刻む……」

『いかに心をつかって、工夫して、仕事をするか。修業とは、心の汚れをきよめることだ』と、親爺はよく言ってたなぁ」

「銀杏の微かな甘みや香りが……心地いいですね。それに、もちもち感がうれしく、銀杏らしいねぇ」

松の実、胡桃等、そばに打ち込む**木の実切り**は、「材料を細かく刻む下準備が大切なのです」。

「一本のそばで、季節を感じ取ることができるなんて、すごいことですね」

「それに、おいしくて、精もつくから……いいことだらけだ」

「ところで、銀杏の香りと味わいは、不思議と父の味がしませんか」

きのこ鍋　わんをかさねて　しかられる

土鍋の蓋をとると、「うぉー、おいしそうだねぇー」。

土の香りが、辺り一面に漂う。湯気を顔面に浴びながら、

「とても心地いいわ」

鍋の表面には、山芋が雪のように白く全体を覆っている。おもむろに、木しゃもじで椀の中へ掬いあげてみる。なめこ、くり茸、むき茸、ひら茸、さらに里芋、鴨のつみれ、そば粒も入っている。

「ええっ、そばがきまでも……」

「鍋の中を見てるだけで元気が出ますね。食べ終わると走り出しそうだよ」

むき茸、ひら茸は半分にちぎり食べやすく、なめこ、くり茸はそのままの大きさで入っている。

「梅干程の大きさのなめこは、色がよくぷりんぷりんしている」

「味わいが豊かで、食べごたえがある。ひら茸、くり茸

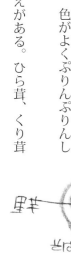

の香りは、山芋の甘みが加わり上品な味で、むき茸の苦みもやさしく……ただただ、おいしい……椀が重なるばかりだ」

汁は、そば湯に甘汁を入れてやさしい味わいに、そして鴨のつみれがコクを生み出している。

きのこ類は、生のまま鍋へ、そば粒は堅めに茹でたもの。そして、そばがきは山芋を入れる直前に練ったものを入れている。山芋の冷たさの下には、温かいきのこがある。

「まるで、雪の下の土の中の生きものを食べているって感じだね」

山芋、きのこ、里芋、新そばと、まさに初冬の自然界。

「自然の野合の乱舞だね」

「冬ごもりの御馳走なり、だよ」

そばがきの甘み、そしてとろけるようなやさしい味わい。そば粒の爽やかなやさしさ。

「いやぁー、健康的で、しかも旨いよ！　日本人に生まれて良かった」

心からの笑みが術を生む。ゆっくり生きよう。そば屋の仕事は楽しい。

（平成二十二年十二月）

山芋

紅葉に色づく霜月。京都妙法院に荒川玄二郎氏を訪ねる。彼は、鞍馬山の浄妙な山気の中で深呼吸し、宇宙のエネルギーに触れて、新たな生（作品）を創出している。そこには素朴で健康な正観の世界があるのだろう。自分自身を失わず、自分の分際を守って、ゆっくりふわりと生きている。

焼締めのぐい呑に酒を注ぎ再会を祝う。そこへ、そば料理が運ばれてくる。

第一弾は、前菜として**山芋の天ぷら**が並ぶ。

大和芋をすり鉢でおろし、湯葉で包んだもの、焼海苔で包んだもの。そして、零余子《むかご》の天ぷら。

「山芋の一族（家族）みたいだ」

山芋の噛んだ瞬間のふぁっとした食感と、噛み切る時の、もちっとした口当たりに、「幸せ観がいっぱいだ」。

「胃によし、歯によし、酒によし……我が輩にぴったしだ」

湯葉の甘み、蕩《とろ》ける味わい、海苔の香りと食感。そして、零余子を噛んだ時の山芋の甘みと香りが口に広がり、

「酒好きにはたまらない」

「湯葉の黄色、海苔の黒、そして土色の零余子の調和が知的で優雅である。素朴で健康的だなぁー」

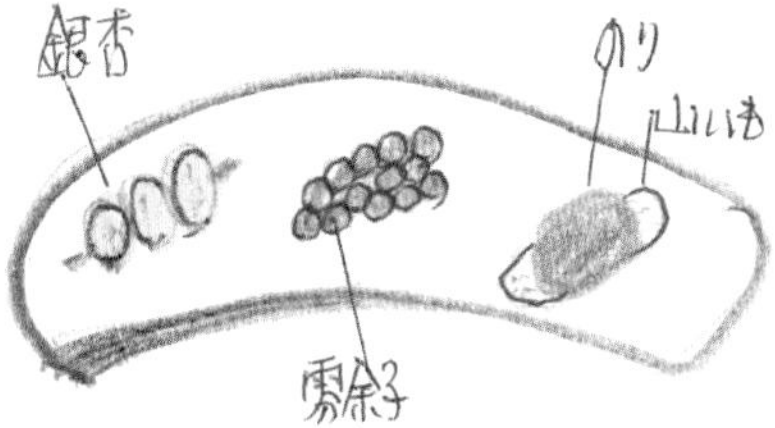

第二弾は、**そば厚揚げ**。

この厚揚げを歯に当てると中からやさしい甘みのクリームが溶けて出てくる。

「まるで、もちを揚げたようだ。この淡い味わいに、食の深みを感じる。不思議だ」

さらしな粉に自然水（鞍馬の貴船川）をたっぷり入れて練ったものを、四角にサイコロを作って揚げたもの。辛味大根を添えて辛汁をかける。

「そばの澱粉のおいしさを味わっている感じだよ」

「口の中で、クリームがとろけるって感じで旨い。そして、やわらかくて、胃によし、歯によし、酒によしだ」

「きつね色に揚がった厚揚げの色彩の冴え、そしてサイコロの箇浄の形が、不思議に澄んでいて、微妙に調和しているよ」

「いよいよそばの登場だね。**あつもりとろろ**。旨そうで重厚感があるね」

そばは、粗挽き粉で打った生粉打ちの太切り。

「そばの香りがいいね。風呂上がりの人のように、香りが湧き上がっている」

湯気の立つそばには、山芋がのせられ、山葵が添えられている。簡素なだけに、神秘的な深みを感じる。

山芋は、すり鉢でおろし、泡立てした卵白と甘汁で味付けしている。ふぁーとした、やさしい食感に、人の心をとろけさせる。

湯気の立つ土色の粗挽きそば。白い山芋のやさしさ。そして、濃い緑の山葵の配色を見ていると、

「月のように美しく、太陽のように暖かく、大地のような力強さを感じる。粗挽きそばの力強さ、それにからむソフトなとろろの調和、そして旨さは、古来土着日本人の産だわ、すごいなぁー」

止めは、**そばがゆ**。

汁の味付けは、そば湯に甘汁を入れた薄味。中身の具は、岩海苔、銀杏、なめこ、そして芹。鞍馬山界隈の野菜を使っている。

箸でなめこを一つを持ち上げてみる。山の臭い、土の香り、そして不思議な甘みが口に広がる。艶のある色と形。広葉樹の露や雫《しずく》からこんなカビが生え、それを食べるという。この樹木（生物界）の神秘性に感動する。

岩海苔の淡い香り、そして銀杏や芹との色合いとその味わいの調和に、

「個性を出しすぎるとアクになるという。色彩的にも味わいにもよく調和されて、コクを感じるよ」

「力の籠もった重さはなく、しっかり骨太で、清らかに輝き、人を酔わせるものを創ろうよ」

一つの道は険しく遠い。そば屋になってよかった。

（平成二十四年十二月）

大雪

十二月七日～二十一日頃

そばと河豚

葉もすっかり落ちてしまった欅《けやき》の木が、木枯らしに耐えてじっと立ちすくんでいる。もう年の瀬なのである。

木枯らしが　寄せ合う肩へ　味方する

色白で、上品な容姿の中に、きらりと光る精悍さ、そして飾り気のない話しぶり。彼は「貴公子」なのである。今日は仕事の疲れが隠せないようで、輝きがない。

「仕事（手術）に神経を使いすぎたもので……お酒を少し頂けますか」

酒にそば湯を添えて出すと、目尻がゆるみ、ほっと顔もほころぶ。

ゆっくりそば湯をすすると「はぁー」とため息がこぼれる。そば湯はビタミンB_1が多く、緊張をやわらげる効果があるという。

一息ついた頃合いを見て、お気に入りの**そばの煮凍り**を出す。

「おっ、煮凍り、うれしいですね」

太日に切った河豚の皮、針生姜、葱、小さく丸めたそばがきを、かけ汁（甘汁）で固めたものである。

「かけ汁の甘みの中に河豚の皮の歯ごたえが……実にいい、生姜も効いていますね……うん、うん、お酒もおいしい」

すっかり落ちついた表情に変わり、ゆっくり箸が動い

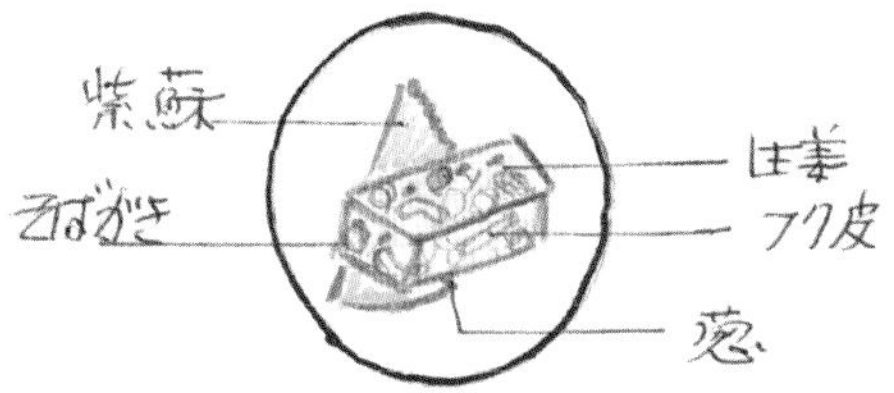

ている。

「元気づけに揚げものをどうぞ。河豚のブツ切りの空揚げです。下関らしいでしょ」

河豚のブツ切りを辛汁でよく和えそば粉（片栗粉を少し加える）をまぶして油で揚げたものである。

「そば粉で揚げているからでしょうか？　歯ざわりがすごくいいですね。それに、河豚の淡泊さとそばの風味が調和して、なんともいい余韻がありますよ。酒がついすすんでしまいますね」

ふぐ鍋の　湯気へ楽しい　顔が寄る

「仕上げは**雑炊**です。甘汁とそば湯で味を調整した中に、河豚の身、骨、皮、そしてそば米を入れています」

「おっ、春菊だ。おっ、これはそばがきだ！」

「河豚独特の味と匂いがそばがきに染み込んで、アツアツ、アツ！　とろけるようなやわらかさが何とも……うまいですね」

「フーフー言いながら舌鼓を打ち、喉を鳴らしながら落ちてゆくって感じだなぁー」

医術は、人のためにある。だから、多くの人の出会いを大切にしたい――。二十四時間の緊張体制の中、食べることで、音楽を聴くことで、束の間の解放を心ゆくまで楽しんでいるのだろう。

粗挽きの**十割そば太打ち**の噛みごたえを確かめながら、「まんぞく、まんぞく」。

（平成十九年十二月）

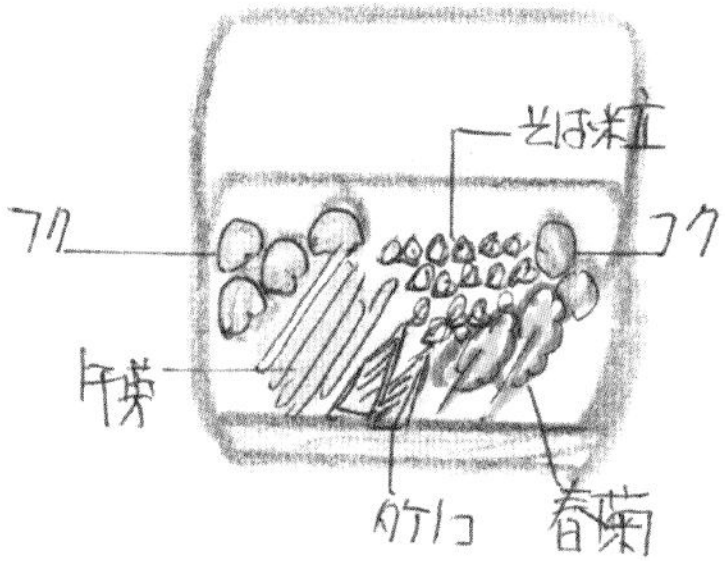

出汁とり

今日はお祝いです。さらしな粉でそばがきをして、揚げてみました。

揚げそばがき。もちもちして弾力性が強く、表面がなめらかで美しい。まさに〝もち肌で色白のお嬢さん〟。

そばがきを丸めたものを天ぷら鍋に。そばがきの上に、胡麻油を少しふりかけながら素揚げる。揚げたそばがきを小鉢に入れ、葛粉でとろみをつけた甘汁をかける。

「爽やかすぎる！　やさしすぎる！」

とてもそばとは思えぬもちもち感、やさしい食感とその味わいのよさに、「揚げものなのに、口直しにも、酒の肴にもなりますね」

さらに、さらしな粉の甘みも加わって、「あん（甘汁）がおいしすぎるよ。後口もとても清々しい」。

止めの汁物は、**海老真薯**。

車海老の殻をむくこと十匹。この海老を包丁で細かく細かく切って叩く。卵黄二個を泡立てして、刻んだ海老と混ぜ合わせる。さらに、とろろ芋を親指程の量を入れて、よく混ぜ合わせる。これを六個の団子に分け、天ぷら鍋に投げ入れる。

真薯の団子の上に、胡麻油を少しかけるようにして揚げる。海老の香りと旨みで、ふっくら揚がった真薯を、さらしなのかけそばの中に浮かべる。さらしなの白さ、真薯のオレンジ色、醬油色の汁に美しく映える。

真薯を箸で持ちあげて一口すると、切り口から甘い海老の香りが漂う。真薯が嚙みくだかれた口の中は、やわらかい食感と海老の旨みと香りがいっぱいに広がっている。

幸せ感に満たされた一瞬、うれしくなって、つい笑ってしまう。

「誕生日に来てよかった」と、一同が笑む。

汁は、透明感があって、淡白ですっきりしている。カツオ、醬油、味醂の味の主張もなく、さらしなそばと真薯、汁が一つになって、自然感に溢れている。

「おばあちゃん、よく食べますね！」

「だって頭がおいしいと言ってるし……お腹も欲しがるんだよ」

あ三五の出汁とり

汁取りの水は、逆浸透膜の水を使っている。水二〇ℓを沸かし、七〇〇gの荒削り（厚さ〇・一五〜〇・二㎜）のカツオ節を入れる。煮沸すること五十分。汁に甘みと旨みが最高頂となり、出汁取りは終わる。

辛汁は、本がえしと汁の比率が、二・九対一〇。これを、四〜五日湯煎する。甘汁は、辛汁を二・倍に薄めて、四〜五日の湯煎。

（なお、本がえしは、醤油一八ℓに対し、三年熟成味醂二・五ℓ、徳之島きび洗双糖二・一kg。醤油は久留米キッコー本醸造醤油。）

＊＊＊

仕上げは、**そばぜんざい**。

さらしな粉をそばがきにする。半月状に形作って、小鉢に入れ、小豆をかける。真っ白のさらしなの上に、茶褐色の小豆を寄せる。そのバランスが食欲をそそる。さらしな粉の白さが浮きでて、壊したくない美しさ。

「うん、うん」と、顔を上下にゆらしながら見入っている。口元がゆるみ、一口すると、「お・い・し・い」。

そば屋になってよかった。共に歩みましょう。人とそばに感謝しつつ。

（平成二十六年十二月）

陰暦とそば・閉塞《そらさむく》成冬《ふゆとなる》

ここ二、三日、天気が良くて日向ぼっこして時を過ごした。のんびりしていると太陽の匂いを感じるほど、心は穏やかになる。

大雪を迎える頃は日毎に冷え込みが増し、冬の気配が深まる。北風が落ち葉を払い出し、木枯らしもどことなく気忙しく感じる。山の頂には、粉砂糖をかけたように、うっすらと白くなっている。

「もうすぐ冬至が来るぞ。寒い、寒い」

「柚子湯にでもつかって体を温めるのもよし。鴨鍋を囲んで、昔を語り、心身共に温まるもよし、鴨肉やそばは薬みたいなものだからなぁー」

話が決まると、隠居仲間の集まりは早い。炬燵に深々と足を突っ込んでいる者。角火鉢に両肘をつき、どてらを肩に羽織って暖をとっている者。そば味噌をなめながら、ぬる燗に興じている者。

「いい燗だね」

「やかんに湯を沸かし、火からおろすだろう。そして徳利を肩までつける。しばらくして徳利の底に手を触れるんだよ。手に伝わる熱で、燗のよさは決まるんだけど……長年の勘だよな」

「酒の肴ができましたよ」

芹のとろろ和え。

茹でた芹の上に、とろろ芋をのせ、茹でそば粒を添えている。すり鉢でおろした山芋は、泡立てした卵白と甘汁で味を調整している。芹の緑は鮮やかで、根付きである。その芹に、白いとろろを添えると「初冬の高原」。とろろのやさしい味わいが、芹の歯切れのよさを引き立てる。

「ふぁーと、とろけるようなとろろの甘味のある粘りと、芹の根の微かな苦みと香りのバランスが、酒を呼ぶんだよ」

次の小鉢は、**ほうれん草のお浸し**。

茹でたほうれん草の上に辛味大根をのせ、その上に辛汁をかけている。さらに、カツオ節のくずを添え、揚げそば粒は無造作に散らしている。

「ほうれん草の緑が鮮やかだね。シャキシャキして香りがいい……いや甘みもあって旨いよ」

「大根とカツオ節って、相性がよくて、よく溶けあっているよ」

「旬の野菜と根ものの競演は、年寄りには最高だよ」

そばの海苔和え。

浅草海苔は軽くあぶって細かく千切る。これに、本かえしと大根汁、そして山葵を多めに入れ、最後に炒ったそば粒を加える。手でよく揉み込む。

「いい海苔ですね。香りがとてもいい」

「山葵がよく効いて……酒も、食もすすみそうだよ」

炬燵の上に鉄鍋が登場。葱、**鴨肉**、そして芹がたっぷり入っている。フライパンに胡麻油を入れ、葱はゆっくり炒める。

葱は筒切りで、「甘みと旨みを感じ、食べごたえがあるなぁー」。とろ火で焦がさないようにゆっくり炒める。鴨肉はブツ切りにして、炒める。胡麻油を入れ、鴨肉の脂身を中心に強火で。

「鴨肉は火の通りが早いから、炒めすぎないように……」

鍋の汁は、甘汁を薄めて味を調整している。鍋の中に、葱と鴨を入れ、煮立ってくると芹をたっぷり散らして、

「さぁー、食って、飲んで、温まって寝るぞ」

まずは、葱を。

「ふぅー、ふぅー、あつい！　旨いなぁー。このやわらかさ。噛んだ時のとろ味。口の中に広がる甘さ。さすが深谷葱」

「ブツ切りの鴨の軟らかさ、そして香り……旨いなぁ！　鴨と葱を炒めて食うことを、誰が考えたんだろう」

「ふぅー、ふぅー、この鴨汁のコクって一体何なんだ。旨すぎる。汁で、酒を飲めっていっているようだぜ」

「芹のサクサク感と香りもいいなぁー。鴨、葱、そして芹。この相性のよさは神業だよ」

「さぁ、超粗挽き（メッシュ23）の生粉打ちが出来ましたよ」

一本摘んで食べてみる。

「甘みあり、香りあり、味わいのあるシャキッとした細打ちだなぁー」

柄のついた竹籠にそばを入れて鴨汁の中へ。そばを温めて椀によそって汁ごと食べる。

「歯ごたえのあるそばだ。鴨汁によくからんでいる」

「旨いなぁー、とろっとした甘みのある葱、やわらかい鴨……天国、天国」

仲間と鍋を囲み、鴨汁に、そばに舌鼓を打ちながら、うまい酒を飲む。この連中と共に、今年も厳しい歳《冬》を楽しく、明るく越えられそうだ。

一つの道は険しく遠い。そば屋になってよかった。

（平成二十三年十二月）

冬至

十二月二十二日〜一月四日頃

冬至そば

柚子風呂に　とける香りも　夢心地

湯けむりが立ちこめる浴舎の中は、柚子の芳香が溢れている。湯槽には、黄熟した柚子が輪切りにされ、香りやさしく咲いている。湯に身を沈め、過ぎた日々をあれやこれやと想いひたる。ああ、なんと満ちたりた夢心地なのか。「爺はそば湯に寒さ忘れる」というが、柚子湯の魔力で骨のずいまで温まり、身も心も安らぎ元気づく。

そばがゆも　なつかし里の　囲炉裏なべ

四坪ほどの板敷きの間に囲炉裏が切ってあり、粗朶がさかんに燃えている。囲炉裏の自在鈎には鍋が掛かって湯気を立てている。

鍋の中には、昆布《コンブ》が半切れ、脂ののった鴨肉のブツ切り、そしてそば米と白米が入っている。

頃合いを見て、竹籠から椎茸、筍、牛蒡、そして大根《ダイコン》を入れ、さらに冬至らしく南瓜《ナンキン》、コンニャク、レンコン、そして金時人参《ニンジン》を入れる。

「この日は『ン』のつくものを七つ食べると幸せになるという言い伝えがあるんだよ」

そばがゆが煮え立ってくるまでのひと時は、濁り酒を椀になみなみと汲み、ゆったりと味わう。

傍らには、つやよく黄金色に仕上がった金柑《キンカン》の寒露煮が小皿に、そして小鉢には、**カボチャがき**がある。茹でたカボチャを練ったものに、そばがきをあわせたもの。

「柔らかくて粘り気があって甘いなァ、最高！」

自在鈎の鍋から「ウッマソー」な湯気が立ち上る。玉子をといてサッと鍋一面にかけると黄色の雲が走る。喉がごくりと鳴る。

小鉢に盛り分け、濃い緑の芹と梅肉をあしらって、

「フーッ、アツゥイがウマァイ、フー……」

鴨のこってりとした味わいの中に、そば米のあっさり感がなんとも爽やかである。濁り酒を飲みながら「ん」のつくものを一つ一つ味わい、

「この冬も風邪に、中風にかからずに健康でいましょうねェー」

柚子添えて　舌つづみ打つ　味を知る

「仕上げは**柚子切り**そばですョー」

柚子皮を、細かく刻み、これを御膳さらしな粉に打ち込む。薄い黄色の下地に、ポツンポツンと咲く柚子皮の斑点。

薄めの辛汁に少しつけ「スルスルスルー」。

なんと爽やかなんだろう。サクサクした歯ざわりもいいが、口いっぱいに広がる柚子の香りがなんともうれしい。

囲炉裏を囲み話もはずみ、長い夜も更けていく。

（平成十七年十二月）

そば雑炊

店仕舞いを始めかけた週末の夕暮れ。楽しそうにおしゃべりをする二人連れの声が、暖簾越しに聞こえてきた。

「いらっしゃい。いつもながら、遥々とありがとうございます」

「こんばんは。いつものように、美味しいものをお願いします」

「お酒、飲まれますか？」

「はい。彼女の方にだけ……よろしく」と、運転する者は寂しい限りである。車でやってくる遠来のお客さんにとって一番辛いことは、酒を口にできないことなのである。

すき腹へ　〆張鶴　えぐるように利き

海老は、塩茹でして皮を剝き、小口に切る。これを粗挽きのそば粉に、うずらの卵と塩を入れ水溶きしたものに混ぜ、胡麻油で揚げると、

「まるで、溶岩の天ぷらのようですね……いろんな形になって、おもしろいなぁ」

酒少々と、辛味大根を加えた甘汁を温めた中へ浸し、そばもやしを添えてすすめる。

「**霰《アラレ》揚げ**と呼んでいます」

一口噛むと、ふあーとした歯ざわりの中に、微かなそばの香りが口いっぱいに広がり、「何とも嬉しいおいしさですね」と、顔でうなずきあいながら仲良く、競うように箸を動かしている。

子どもの時、親に連れられ初めて口にしたそばがき、そして御膳さらしなそばの味が、「あの甘みと粘りが…今も忘れられなくて……」。

二人は、向き合ったまま楽しそうにもりそばを食べ、そば焼き（そばがきを木しゃもじに貼り付け、醤油でつけ焼きしたもの）を食べながら、

「仕上げに、温まるものをお願いします」

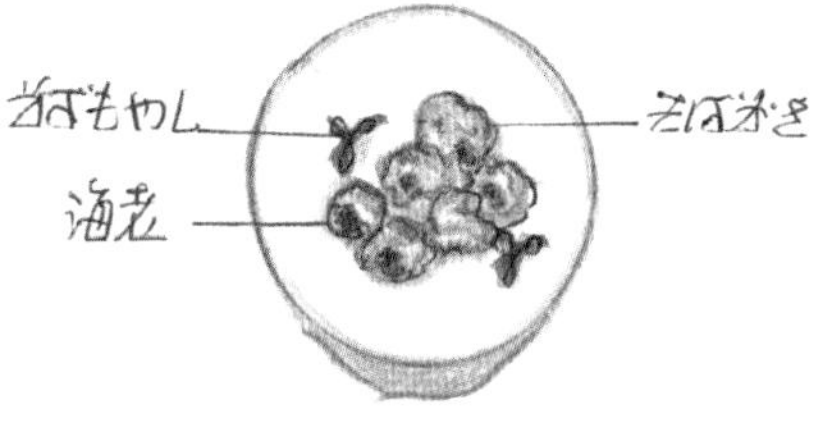

雑炊も　なつかし里の　囲炉裏なべ

「白米は、二割くらい入れる方が、少し粘りが出て食べやすいのでは……」

鉄鍋には、そば米と白米、それに牛蒡、大根（葉）、生椎茸、筍。隠し味として、鴨のつみれも入れてある。鍋が煮立つと卵を割り入れ、

「お待たせ、もう少しですよ」

葱と芹をあしらって、

「ほーら、美味しそうでしょう。**そば雑炊**の出来上がりです」

長い間、待っていたものがやっと手に入ったとばかり、二人は喜びに顔をはころばせながら、

「ウーッ、さっぱりした味なのに、コクがありますねぇー」と、男性はお玉で汁を、女性は大きくうなずきながら、ひたすら箸を動かしている。

勇気と決断と行動力さえ持っていれば、後のことは天にまかせればよい。やれば思わぬ枝葉が湧いて出て、行動を開花させることがある。

自然（食）に、人に、そして自分に優しくして、若さの見聞を広めよう。

「お二人さん、いつまでも健やかに」

（平成十六年十二月）

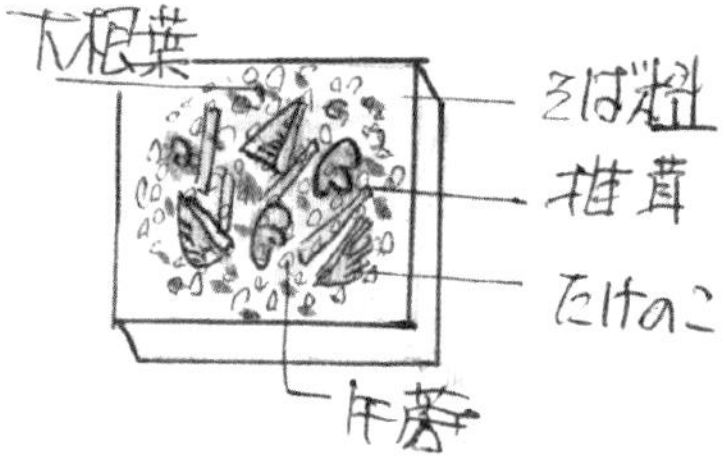

正月そば今昔　その一

雲海の彼方、朝焼けのもやの奥から、艶やかな朱色をした太陽が顔をのぞかせる。みるみるふくらみ、半円になり、火の球になり、黄金色のもやを抜け出してくる。

「あら玉の年たちかえるこの朝、若やぐ水を汲み染めにけり」と唱え、若水を汲み、風呂で身体を浄め、御飯を炊き、そばを打つ。

　蕎麦祝う　国ぶりもあり　今朝の春

囲炉裏端には、そば切り、焼き餅、とろろ芋、そして交譲木《ゆずりは》の葉に包んだ御飯が置かれていた。年始のお客さんを囲炉裏へ招き、御神酒を飲む。

「目出度い、目出度い」と、つるつると音を立ててそばを手繰り、山芋をすする。

「縁起もんじゃ、縁起もんじゃ……」と、焼餅を。

そば粉を練った団子を、炉灰の中から取り上げる。小豆餡を入れたもの、味噌を入れたものとある。

「香ばしいなぁー、おふくろの味だよなぁー」

「今年もよろしくたのむよ」

正月は　いいぞ飲みはじめ　食べはじめ

そば前の純米酒は、栄螺《さざえ》の殻に入っていた。

「ある漁村では、歳の神は、栄螺の殻に酒を入れて、恵方からやって来るとの伝えがあるらしいですよ」

「神々しくていいねえ、何か、うれしくなっちゃうよ」

前菜は、**そば粒のおろし和え**が二種類。

一つは、辛味大根をおろしそこへ醤油を少し。河豚の皮と、揚げたそば粒を添えたもの。

もう一つは、おろした辛味大根に辛汁を少し加え、その上に短冊に切った大和芋と栄螺、茹でたそば粒、そしてそばもやしが添えられている。

大和芋とそば粒は、甘汁で味を付けている。

目出度いものは　蕎麦の花　花咲き実なりて
三角なるぞ　うれしき

「大根の辛みがうれしいねぇー。河豚皮や栄螺のコリコリ感と甘み。山芋のサクサク感と甘み。口の中ではじけるそば粒の食感と香ばしさが、とても楽しいねぇ」

「正月らしいなぁ。爽やかだよ」

「そば粒が三角（三《み》つの角《かど》がある）だから帝《みかど》かぁー……河豚を添えてやって来るわけだ……」

「信州では、正月にとろろ芋がつきもので、『朝とろ夕とろ』といって御馳走なんだって……今年も粘って生きようってことなんだ」

「酒がすすむよな……おっ、色彩のバランスがいいねぇ。淡い紅色が、気持ちを穏やかにしてくれますね」

「今日の蒸籠は、**紅花切り**です」

（平成二十一年一月）

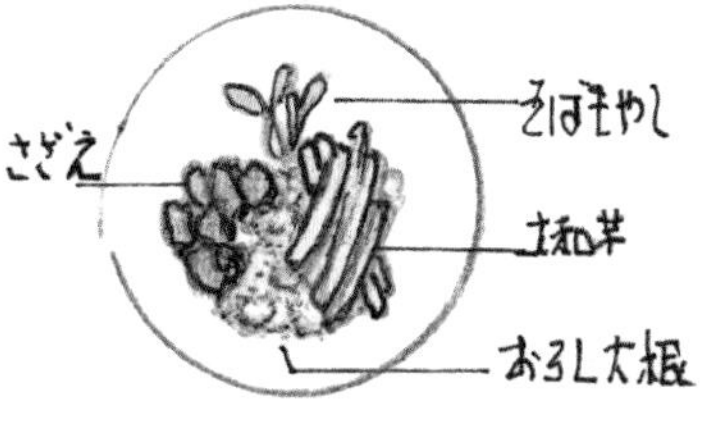

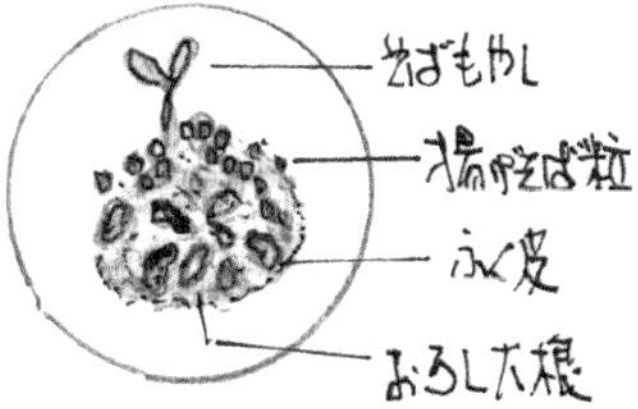

正月そば今昔　その二

誰がために　紅花もえる　そばを打つ

御膳粉に、その半量の紅花粉を混ぜ入れ、熱湯で一気に打ち上げる。**紅花**の花弁には、カルタミン（紅）という色素があり、やさしい紅色に仕上がる。御膳そばの白さとの盛り合わせは、新春の「華」を演出してくれる。

「爽やかな紅色が食欲を誘いますねぇ」

「縁起ものだから……。そばは十割で打っています」

うまい味　穴子焼かれて　そばの上

「わっ、**すし**の切り口が揃っているね」

そばに、甘酢を平均にかけ、軽くしごく。笊に一つかみずつ盛り水切りを、さらに別の笊にそばを移し「手入れ」をする。

焼き海苔には、手入れをしたそばをおき、梅肉、炒り胡麻、紫蘇の葉を芯にして巻き上げる。湯葉は、山葵漬を芯にして巻いている。

軍艦巻きには、生雲丹、甘汁で味付けした数の子、さらに穴子をのせている。白焼きした穴子には、本かえしを刷毛で一塗りして、山葵が添えられている。

軍艦巻きは「手入れ」したそばを片手の指で三～四本巻きつけ、抜きとる。形を整えて水気がとれたら、そばのまわりに海苔を巻き仕上げる。

御膳そばと海苔、そしてそれぞれの食材とのハーモニーは、

「お見事である」

湯葉と山葵、海苔と梅、そして穴子、数の子等。御膳そばの甘み、そして軽い味わいが、それぞれの素材をより豊かな香りと甘みに引き立てる。なんとも上品な、まさにハレの食べ物である。

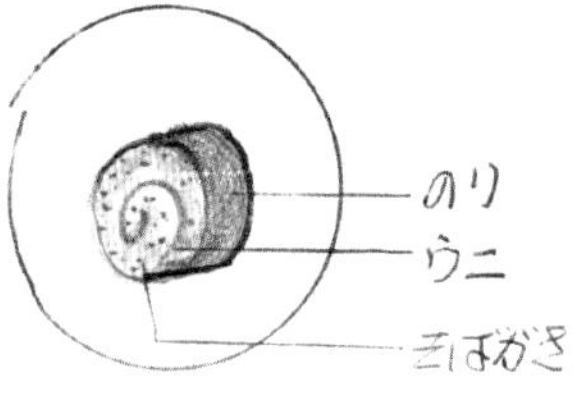

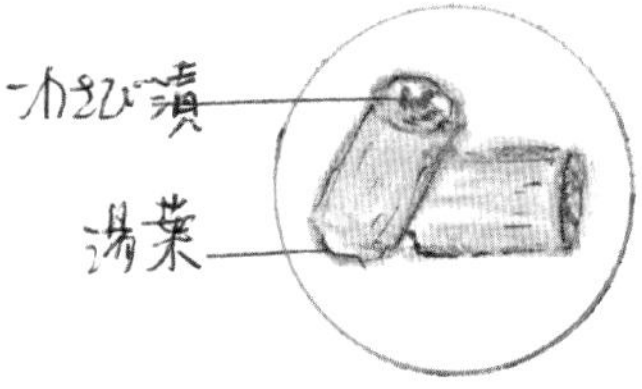

そばがきに　抹茶をしのばせ　心いやす

吸い物は、そば湯に甘汁を入れ味を調整している。

吸い種に「おいしそうな木の葉なこと」。

御膳粉に抹茶を入れたそばがき（茶がき）を、包丁の背で木の葉模様にしている。古典的な美しさと気品を感じ、心が癒される。

海苔の色　春を寿ぐ　色に出来

「古来、吉事には海老が喜ばれていた。止めは**海老真薯のそば**です」

包丁で細かく叩いた車海老と、すり鉢でおろした山芋、そして泡立てした卵黄を手で揉むようにしっかり混ぜる。それを二口程の大きさの団子にして揚げる。菜種油には、少量の胡麻油を入れて、香りづけをしている。これをかけそばに添える。

そばは、十割の御膳さらしなそば。そばの淡白な甘さが、車海老の甘さと香りを引き上げている。

「海老真薯が、ふぁーと柔らかくて……とろけそう」

「新春・正月そば喰う会」は、今、まさに最高潮。

そばはかわいい生きもの。そば屋になってよかった。

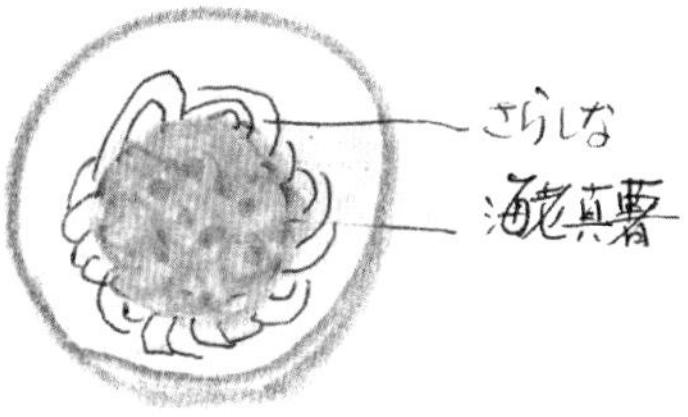

（平成二十一年二月）

祝いそば

家の戸口や門前に新年を祝う門松。男の子は凧あげ、女の子は追い羽根。長屋裏にも一陽来復。独楽《こま》まわし、

〝昨日の鬼〟大晦日の掛け取りも、「おめでとうございます」。ゆったりした江戸の正月の風景である。

女房を　ちょっと見直す松の内

台所には、身ぎれいにしている女房を見出す。普段は家事に追われ、身なりもかまわぬままの女房に、「きれいだね……惚れ直したよ……」。

「何言ってるの！　ハイ、**雑煮**ですよ」

新年を迎えるために、年越しの夜、神に供えた物をおろして煮て食べた名残りだという正月の雑煮。

「もう結構ですよォ……」

三日食う　雑煮で知れる飯の恩

そば湯に辛汁を入れて味を整え、その中へ焼き餅を入れる。それに芹や柚子を添える。爽やかなそば湯の下地と柚子の香りがとても快い。その香りに包まれると、昨日までの慌ただしさが嘘のようだ。そばのせいなのか、ほっと心を落ちつかせてくれるこの一時。

甲信越や東北の一部では、清めの食べ物として正月にそばを打つ。新そばの時期とも重なって、もりそばが旨いと喜ばれる。

そして炬燵にあたって横になれば、それこそ天下泰平というところ。

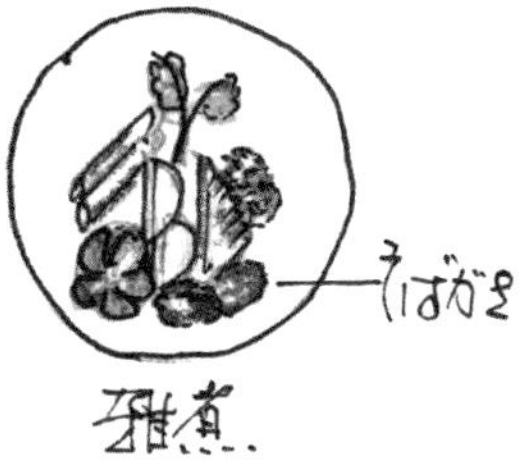

はて珍しい　海老切りで　呑める也

正月にはパッとめでたく紅と白の二色そば。

海老を茹で、細かく刻んですり鉢であたる。これを湯練りの御膳さらしな粉にもみ込み、細く打ち上げる。薄紅色の下地にポツンポツンと咲く海老の斑点。これが紅。**海老切りそば**、そして白。ご存じ！　そばの芯粉十割で打った淡い風味と甘みのある**御膳そば**。なんと爽やか。

「うーん」たまらなく心ときめく。

御膳そばには薄めの辛汁。海老切りにはカボスを入れたすまし汁。

「さぁ！食べよう」

サクサクした絶妙の歯ざわりがたまらない。


（平成十八年一月）

天ぬき

「やあ、いらっしゃい」

「外は、風が冷たく寒いのよ。温まって元気が出るもの……お願いします」

「我がそば屋」の味の移り変わりを、いつもやさしく「あ～おいしかった」と受け入れてくださり、早二十年になる。

そろそろ七十に手が届く頃だろうか。絵画に、音楽に、そして歴史にと、多趣味な行動派の静子さんにとって、なくてはならぬ安らぎの源。それが「我がそば屋」なのである。

引き立って　見れば芝海老　長いもの

芝海老は、頭と尾を摘みとる。これにアオヤギの小柱を混ぜて、胡麻油で揚げる。旬のものは、「そのまま食べるのが一番」だが、疲れている時には揚げ物もうまいのである。

芝海老の紅色と小柱の白が、うっすらとキツネ色に揚がった衣から顔を出す。少し辛目の甘汁を温めた中に入れると、ジュッと音がする。それに芹を添えれば、

「**天ぬき**が、できましたよォー」

目を細め、鼻で胡麻の風味を確かめながら、

「何とも言えませんネェー」

熱さを耐えながら一口、小柱、海老のやわらかさと甘みに、

「これがたまらないのよネェー……」

この一口で、心も腹も落ち着いたのだろう。柚子の香

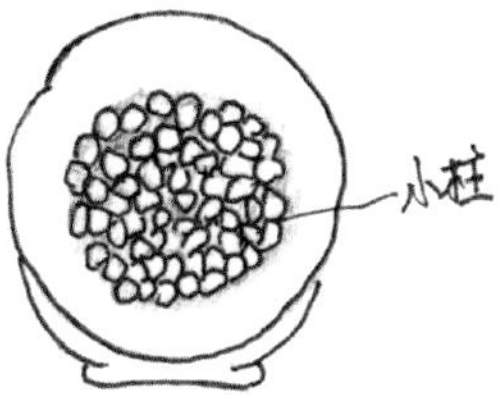

りのそば湯を飲みながら、もう池波正太郎を読み始めている。

ごく懇意　すり鉢で出す　とろろ汁

山芋は、すり鉢でゆっくりおろす。その中へ泡立てした卵白を入れ、甘汁で味を調整する。芝海老はサッと塩茹でして殻を剥いて小さく切ってから山芋の中へ混ぜ入れる。

疲れている時には、本山葵をたっぷり効かすと、「元気が出て、背筋が伸びる感じですよ」と、箸を置き、やさしく返事が返ってくる。

この**海老とろ**、上戸には山葵の風味と、海老のツブツブのアクセントがこたえられないのだ。

「私にお酒が飲めたらネェー」と、すっかり落ち着いたのだろう。箸が、本を読む眼にあわせながら動いている。

「**かけそば**で仕上げですよォー」

そばはもちろん、そばの芯粉十割で打った淡い風味と甘みのある御膳そば。

サクサクした絶妙の歯ざわりがたまらない。残り汁にそば湯を入れ、満足そうに、ゆっくり飲み干す。

「あ～ア、おいしかった」

「さァ～てと、元気も出たし、一時間の道程をゆっくり歩いて帰りましょっと……」

この方と接していると、「我が身の、生きて値打ちのある間は生き抜いた」戦国時代の女性のやさしさと強さを感じる。

「静子さん、いつまでも健やかに……」

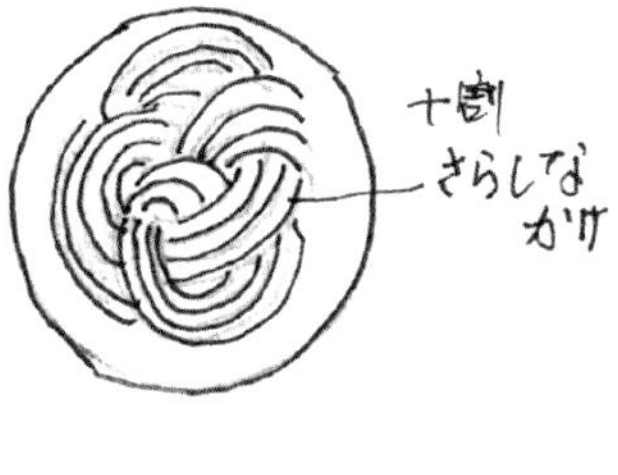

（平成十七年一月）

小寒

一月五日〜十九日頃

蕗のとう、野蒜《のびる》

大根の　白さもやはり　寒の入り

寒烈《かんれつ》に身をさらし、堪えて生きぬいたものには、甘みや苦みだけでなく、暖かい心も持ちあわせているのだろう。

雪の下　じっと春待つ　蕗のとう

ガラガラッと勢いよく戸が開く。

「おーい、久しぶりだなぁー、今日は旬を持って来たぞ」

さて、遠来のお客さんの持ち物とは、蕗のとうと野蒜である。寒さに立ち向かい、寒さと共に生き、春を告げに来る蕗のとう。

「待ってました」と、まずは天ぷらに。

辛味大根をおろし、醤油を少しかける。その上に**蕗のとうの天ぷら**をおき、揚げたそば粒を添えて、

「土を持ち上げて『春を告げ』に顔を出している蕗のとうって感じだなぁー。それにしても、大根の白さがまぶしい」

「今日の寒さはどうだ、今の世の中はどうだ……」と、天ぷらをながめながめ話題が広がり、

「そば粒は香ばしいなぁー、大根の辛味でも飲めるなぁー」

酒はすすんでいく。いよいよ箸は蕗のとうの天ぷらへ、

「うーん、このほろ苦さがねぇ……うれしいなぁー。今年も一年が始まるのか！」

蕗のとうの天ぷら一つで、酒はまだまだすすむ。

「**蕗のとうのお浸し**と、**野蒜のそば粒和え**が出来ましたよ」

蕗のとうは、茹でてアクを抜いて水気をとり、甘汁で煮てしばらく浸しておいたもの。野蒜は、さっと湯に通して甘汁につけ、辛味大根と、茹でたそば粒を添えたもの。

「ちょっとした料理屋さんだなぁー」

「野蒜のまるい鱗茎がかわいい……ニラのような香りと味わいが好きなんだよなぁー。蕗の苦みといい……、ふところは寒いが、心が温まるようだよ」

土に根を張る一草一根は、昔から民間薬として利用されている。生命を育む土の不思議を思いながらいただく。

「おっ、やわらかい緑色のそばは……？　微かなほろ苦さがある！　ん、蕗のとうを練り込んだな！」

蕗のとうの葉をサッと茹でてアクを抜く。よく水気をとって細かく刻む。さらに、花（芯）も五〜六個茹でる。花芯の表面を削り取るように包丁で刻む。

「花芯を入れることで、蕗のとうの苦みと香りを調整するのですよ」

御膳粉を湯練りにして、蕗のとうを入れて打った**蕗のとう切り**に、御膳さらしなそばを添えて二色盛りに。

「にくいねぇー、早朝摘んだ我が庭の自然が、こんな風に化けるとは……。おい、最後の酒を」

そば屋の仕事は、「木鉢と土たんぽ」。旨いそばと旨い汁。

そば屋の仕事は楽しい。

（平成二十年一月）

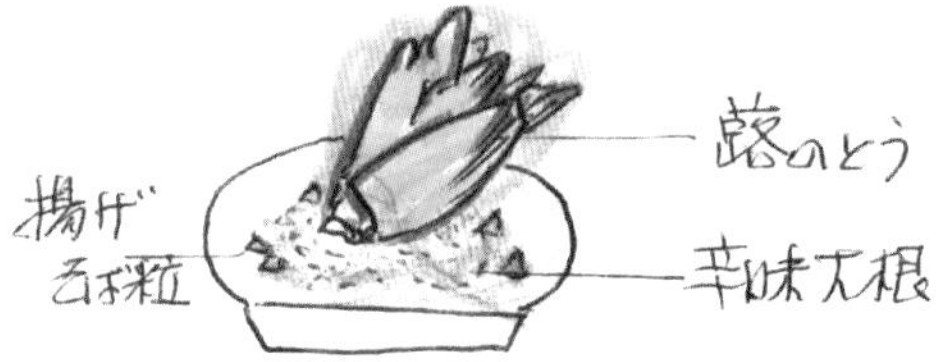

陰暦とそば・芹《せり》乃《すなわち》栄《さかう》

雪をとかして地表に出てくる蕗のとう。香りもよく、やわらかく、そしておいしい。

「この香りと苦み」

「大地から吹きでてきた春の香り」

朝の光を浴び、澄んだ冷気の中で手にするその喜びは、他にはかえられない。

今日は小寒。寒の入りである。

古代の人々は、空から舞い降りる雪を花と呼んだ。それは、土地の精霊が降らせる豊作の前兆だと思われていたから。大地の冷え込みは厳しいが、雪の中からは青々とした麦の芽が伸び、水仙も咲き始める。

「**蕗味噌**を肴にして、まずは熱燗で体を温めましょう」

蕗のとうは、包丁で細かく刻む。これを油で炒め、味醂でのばしたそば味噌と和える。

「香りがいいねぇー、食も酒もすすみますね」

身体も温まると、

「心が落ちつくよ」

焼き物皿には、少し焦げ目が付いたブツ切りの蓮根、牛蒡、人参、そして艶やかでおいしそうな**鴨肉**が輝いている。小皿が添えられ、一つは本がえしが入ったもの。もう一つは、おろした辛味大根に醤油を少しかけたもの。

「糸を引く蓮根って久しぶりだ。香りがあって、歯ざわりがよくておいしい。牛蒡の香りも人参の甘みも……いいねぇー。自然の恵み、力強さを感じるよ」

「鴨肉は軟らかいし、香りがいいねー、口の中は、幸福《しあわせ》で一杯だよ」

鴨肉は、脂身をじっくり焼き、赤身はサッと焼いただけ。辛味大根をつけて食べると、鴨肉や野菜の風味や甘みがよくわかり、

「爽やかな味わいで、つい食べ急いでしまう」

一方、本がえしにつけて食べると、かえしの甘みも加わり、

「重厚な味わいになり、酒がすすんでしまう」

「おお、**鍋**が出ましたねぇ」

鍋には、葱、豆腐、そばがき、そして芹がたっぷり入り、鍋底には昆布が少し入っている。

辛味大根を少しからめて食べると、辛味大根が食材の持ち味を引き出す。

「ふぅー、ふぅー、あっちっちっ……うまい。葱が、葱が甘くて、豆腐の大豆の香りと甘みが、芹だって、香りは負けてないよ。あー、やっぱり、そばがきがいいねぇー、やさしい香りと甘み、そして軟らかい」

自然のつくりだすものには香りと甘みがあり、自然の恵みに、生きる喜びを感じる。

「生きる力の源だ。ありがたい、ありがたい」

止めは、**二八そば**。そばは、淡い緑色で艶があり美しい。「私を食べて」と、訴えているようだ。汁をつけて、スルスルスルー。甘みと香りが、口の中にふぁーと広がる。しかも、味わいは上品である。

二八そばの香り、甘み、艶、そして味わいは、そばの質、小麦粉の質、そしてそば打ち技術によって左右されるという。どの地域のそば粉なのか、どの成分のものか、つなぎは、単一の小麦粉か、何種類を調合したものか、つなぎの小麦粉や、打ち方によって、そばの顔が変わってくる。

「秀而野《しゅうにしてや》」

繊細な中にも大胆さを持って——その心持ちで励み、いつしかいい顔をしたそばを打ちたいものです。

「寒の入り」に、そばを清流につけ、品質を保存した日本人の知恵と心。

一つの風土（地域）は、他地域には真似のできないものがある。その気象・土壌・水、そして人との協演によって、一つの作物がつくられる。

「スルスルスルー」

寒の入りにもりそばを食べながら、先人の知恵と心に感謝し、さらに月暦にそって生き、和の心を形成していきたいものです。

一つの道は険しく遠い。そば屋になってよかった。

（平成二十四年一月）

大寒

一月二十日〜二月三日頃

あつもり

大寒を過ぎると、ひたすらに寒明けの日を待つばかり。庭先の梅の花も、人目を避けるようにほころびはじめる。冬越しの木々の芽も、静かに芽吹きの時を待っている。

あいさつの　言葉も凍る　寒なかば

「こんにちは、冷え込みますね」

「今朝、霜の花が咲いているのを見ると、なんだか僕ひとりが得をしたみたいに心がはしゃいでしまって、つい足が向いてしまったんです。陽の光を浴びるとすぐに溶けて消えてしまう霜の花の儚さに、一瞬に生きる強さと、優しさの両極を感じてしまうんですね」

この人（予備校の先生）は、生きる物へ愛情を込めて、授業を楽しくしているのだろう。

「そばも、打った瞬間から、色、艶、そして香りというそばの命が変化していくんですよ。なんだか似ていますね」

あつもりの　そばに辛みの　汁がいい

「香り豊かな新そばで、心も暖まるものをひとつ……」

ぬる燗の「出羽桜の三年古酒」を、お猪口ですすめる。おもわず笑みがこぼれる。そば猪口には、湯せんにして温めた汁が、そして薬味皿に辛味大根と山葵が並んでいる。

「あつもりで一杯」

せいろに盛られたそばから、湯気があがる。

「おっ、風呂上がりのそばという感じですね、……それにそばの淡い緑の色艶がいい雰囲気だ。漂う甘い香りが……たまりませんねェー」

「このそばの色合いも、空気に触れると一刻一刻と緑が薄れていくとは……」

「せいろにもって蒸したものを『むしそば』、茹でて洗ったそばを、湯にくぐらせたものを『あつもり』と、分けて呼んでいるのですよ」

「『むしそば』は、江戸の延宝期（一六七三〜一六八一年）にずいぶん流行っていたそうで……ただ食いの言い訳に、油虫をそばに仕込んだ客へ『当店のそばは、むしそばです』と、店主が客に切り返す落語があるほどです」

一枚目は、山葵をそばに散らして、

「スルスルスルー……」

お次は辛味大根で、

「うん、うん、うん……」

最後は、酒を少しそばにふりかけて、

「うーん、たまりませんね、ツルツルツルー」

茹でて水に晒した「もり」（「寒」という）を、じっくり噛んで味わうのもそばの醍醐味。香り豊かな粗挽きのそば粉で打った太めのそばを、「あつもり」（「寒」に対して「土用」）で一杯なんて……こちらも捨てたものではない。

「これこそ、そばの真骨頂かもね」

そばの命の儚さを楽しみながら、口に運んでいる。

「まんぞく、まんぞく」

（平成十九年一月）

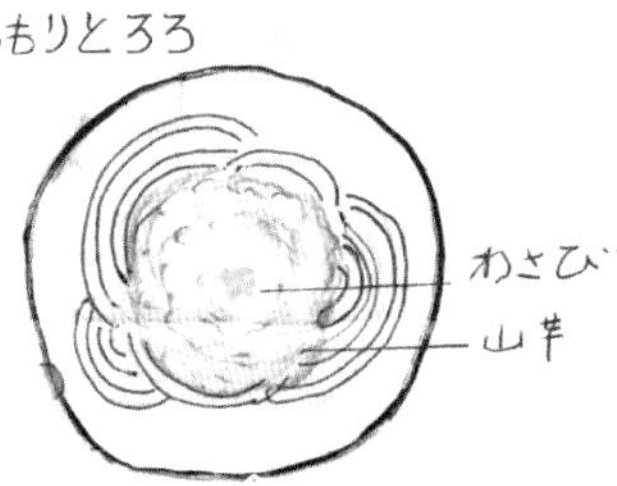

土の中の春を味わう

西高東低の気圧配置が崩れ出すと、北からの寒風も終わり、東風が吹くようになる。この時期に、寒さのピークを迎えることが多い。地表は冬でも、土の下には春が潜んでいる。土の中の春は、まさに大地の恵みであり、着々と生命を育んでいる。

「春の宴は、もう土の中で始まっている」

春の明るい陽射しの中を、長靴をはいて山に入ると、「自然と一体なんだ」と感じる。それは、足から伝わる大地の感触だったり、草を手に摑んだ時の柔らかな感触だったり……。

蕗のとうを一つ一つ、蓬を一つ一つ、菜の花を一つ一つ、と新芽を慈しむように摘む。

スコップに足をかけ、野蒜、芹、薊を掬いあげる。土を落とし、水で洗い「あとで頂きますよ」と、舌鼓を打つことを思いながら、根を一本一本きれいにする。

時は、一月二十五日。もうすぐ立春である。

島に住む友人宅にて、まずは前菜。小鉢には**蕗味噌**。

「いい香りですね、口の中で、味噌の甘みを感じながら、蕗のとうの香りを食べているって感じだ。旨いもんだねぇー」

まず、豚の挽肉（蕗の量の一割）を炒める。次に、よく刻んだ蕗のとうを入れて炒める。赤味噌、味醂、酒、さらに砂糖で味付けする。炒ったそば粒を入れて完成。

「さらしなそばに添えて食べてみたいなぁー、ご飯、パンにも……旨そうだねぇ……」

続いて、小鉢が五つ。

御膳さらしなそばは、甘味のある淡泊で軽い味わい。食べ物（お浸し、魚貝類、天ぷら、生もの等）を、このそばに添えると、苦みや酸味、さらに塩けもとって淡い甘みと香りの食材に変えてしまう。

山菜・野草は茹でて甘汁に浸すと、そば屋独特の**お浸し**になる。芹、野蒜、菜の花は、さっと茹でて甘汁へ。薊は、少し棘があるからよく茹でる。そして、甘汁でよく煮る。蕗のとうは、茹でてアクを抜く。ザルに揚げ、よく絞ってから甘汁で煮る。早春の海藻は若芽。その芽かぶは、熱湯にくぐらせると、「輝くばかりのエメラルドグリーン」に変身する。

冷水で洗い、包丁で細かく刻んで粘りを出し、酢（一）と辛汁（一一の比率）で味付ける。

小鉢には、さらしなそばが入っている。そばの上には、おろした辛味大根が少し添えられ、その上にお浸しがのっている。

野蒜は、香りと甘み、そして微かな苦みを感じ、食べている実感がする。さらに、歯切れが快い。薊は、口に辣が少し残り、そのザラザラ感に春の息吹を感じる。菜花や芹は、やさしい香りが口いっぱいに広がり、爽やかな食べ物になる。芽かぶは、そばにたっぷりかけ、千切りした生姜を添える。口の中は、海の若芽の香りで、

「いっぱい、いっぱい」

それを、酢の甘みと生姜の香りを伴って味わうことができる。食後の爽快さに、興奮する。

揚げ物は、**白魚の霞揚げ**。白魚の一匹一匹がからみあって、ふぁーと揚げている。

「旨そうだ。春を呼び寄せるような、明るく楽しい姿だ」

おろした辛味大根に醤油を添え、それを少しつけて熱いうちに食べる。

「おいしい、甘みが口に快く広がっていく」

「さっくりした口当たりが軽くてたまらない」

「早春の酒肴に、これ以上のものはない」

「月もおぼろに白魚の　篝《かがり》も霞む春の空」と、口調も軽く。

止めは、少し粗めに挽いたそば粉の**生粉打ち**。

まず、木鉢にお湯を入れ（そば粉の四六％）、そば粉を篩にかけながら打つ。一㎜幅の細打ちそば。腰が強く、コリコリした硬さが特徴。

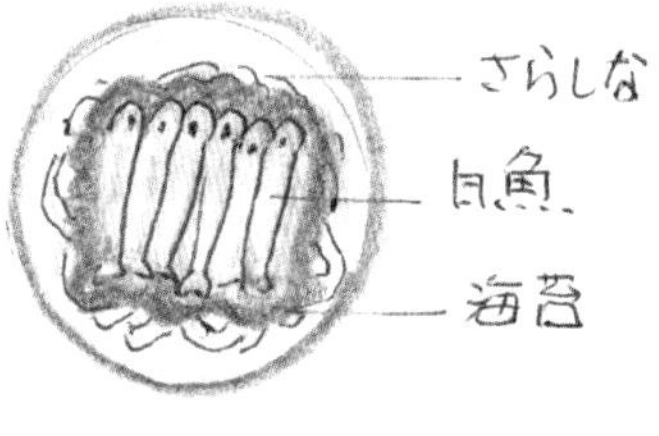

白魚を一匹、一匹食べながら一献。そばを食べながら一献。

まもなく厳寒も緩み、紅梅もほころぶだろう。

生きてこそ今。そば屋になってよかった。


（平成二十四年二月）

「あ三五」の台所

そばを箸で数本つかみ、その端を汁に浸けてすすり込む。追っかけるように、汁のからんだ部分に移る。

そばをすすり込むと、舌先や頬の内側に触れただけで、甘みは感じられる。奥歯で一噛みすると、香りが口の中にサッと広がり、甘みが喉もとから鼻に抜けていく。

「そばは、なんと爽やかな食べものなんだろう……」

このそばの香りを引き立てているのは汁である。控えめな汁がいい脇役になって、そばの香りを演出して主役にしているのである。

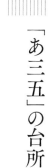

御膳かけ　海苔をさらさら　もみこんで

陽の光や地のぬくみが、生きものの中にある。人は、自然にやすらぎを求める。

野山にある美しい芽（生きもの）を掌中にして、自分の手（そば）で、生命に勢いを与えたい。

そばに自然の魂を添えると、舌にのってそれぞれの食材が歌い出しながら胃へと向かう。そばの芯粉だけで打った御膳さらしな。甘みと口あたりの良さが心情である。

そばの白さは、美しく輝き、料理の脇役として映《は》える。例えば蕗のとう。手切って茹でてアクをとり、甘汁で煮てお浸しに。

小鉢には、御膳そばがあり、その上におろした辛味大根をおき、蕗のとうのお浸しを添えてある。他の小鉢には、そばの上に蕗のとうの天ぷらがおかれている。

白地のそばに、緑の蕗のとうという色彩に心が落ち着き、食欲もそそられる。御膳そばの淡白な甘みが山菜のアクをとり、苦みをやわらげる。そして、山菜本来の香りと甘みを引き出す。

次に、アク抜きした蕗のとうを細かく切ってそれを湯練りをした御膳粉に打ち込むと、**蕗のとう切り**。淡い緑色に、春の息吹を感じる。早春の苦みと香りを残し「感極まる」。しかし、そばの香りはない。

古典的な種物として、花巻そば。海苔をいかに香り豊かに味わうか。さらに、海苔の上に生の小柱をおいた霰そば。葱を白髪に切って、かけそばの上に盛りる白髪そば。さらに海苔の上に卵の黄身を添える田毎の月、等々。御膳そばは脇役（女房）で、種物が主役なのである。

そば切りの　かど立ちすぎぬ　年の暮れ

「唇や歯に触れた時」

「舌の上を送られていく時」

「のどを落ちていく時」

滋味で豊かなそばの甘さが、口の中に広がる。この快い清々しさは、**二八そば**の旨みである。味わいに富む風雅な食べ物、二八そばは主役であり、それを引き立てる汁は、良き女房である。

おいしいそばと、おいしい汁をつくること、この単純な繰り返しこそ、そば屋の喜びである。

より一層、そば打ちの仕事に汗をして、そばと共に楽しんでまいります。

（平成二十二年一月）

おわりに

本書の元となった「そば新聞」への掲載原稿は、全て妻・玲子が目を通し、点検してくれた。

「文章と料理には、香りと色彩が大事なのよ」

と、妻は教えてくれた。このことは今でも、毎夜繰り広げられるお客様への料理の講釈や、私の料理に活かされている。

そうこうするうちに四十五年が経った。そば一筋の我が人生を支えてくれた妻と家族に、心から感謝している。


私の日々は、さまざまな人々によって支えられている。私の注文通りにカツオを削ってくれた安光さん、石臼を回した石川製粉さん、茨城の農業生産者の方々など、毎日新鮮で美味しい食材を届けてくれる。

また、葉山の一色さん、茨城の渡辺維新さんは、技術だけでなく、そば打ちの心をお教えいただいた。その教えは、今でも私の拠り所となっています。その感謝は終生忘れません。

本書の制作には、花乱社の宇野さんにお世話になった。昔描いた絵などを掘り出して、楽しい作業だった。


こうしてやってきた赤間茶屋「あ三五」。皆さんに支えていただいて、今日の私があります。本書の上梓を一里塚とし、お客様が喜んでくださる限り、まだまだ、私はそばを打っていきたい。

二〇二一年六月吉日

磯部久生

料理索引

さらしなと野菜の和え物

そば切り

そば粒と野菜・海産物の和え物

種　物

そばの肴

そばがきと甘味

文・絵　**磯部久生**（いそべ・ひさお）
赤間茶屋「あ三五」店主
1975（昭和50）年２月15日、山口県下関市にて創業。
2005（平成17）年３月、現在地・福岡に移転。

赤間茶屋「あ三五」
〒810-0012　福岡市中央区白金１丁目4-14
電話 092 526-4582

赤間茶屋《あかまちゃや》「あ三五《さご》」そば歳時記《さいじき》

発行日　2022（令和４）年７月７日
著　者　磯部久生
発行者　別府大悟
発行所　図書出版花乱社
〒810-0001　福岡市中央区天神5-5-8-5D
電話092（781）7550　FAX 092（781）7555
印　刷　株式会社西日本新聞プロダクツ
製　本　篠原製本株式会社
ISBN978-4-910038-55-1